SCHWEDEN

FINNLAND

ESTLAND

RUSSLAND

LETTLAND

LITAUEN

WEISSRUSSLAND

POLEN

SCHECHISCHE
REPUBLIK

SLOWAKEI

OSTERREICH

UKRAINE

UNGARN

OWENIEN

KROATIEN

RUMÄNIEN

SERBIEN

BULGARIEN

ALBANIEN

TÜRKEI

GRIECHENLAND

ENGLAND

Der Engländer achtet es für Beleidigung, nicht den
Engländer in sich erkannt zu sehen. Das zu vermeiden,
hält er fest an der Sitte seines Landes, arbeitet seine
Nationalität lieber zur Schroffheit als zur Geschmeidigkeit
aus, stellt sein altes England überall in den
Vordergrund ... Er liebt seine Sitten und Gebräuche,
seine Gewohnheiten ..., weil sie sein Eigenthum,
weil er in ihnen aufgewachsen, weil er sie von seinen Eltern
geerbt, und er hängt ihnen an, weil er wünscht, daß
auch seine Kinder ihnen anhängen, sie, wo immer sie seyen,
Engländer bleiben mögen.

Woldemar Seyffarth, England und Wales, 1851

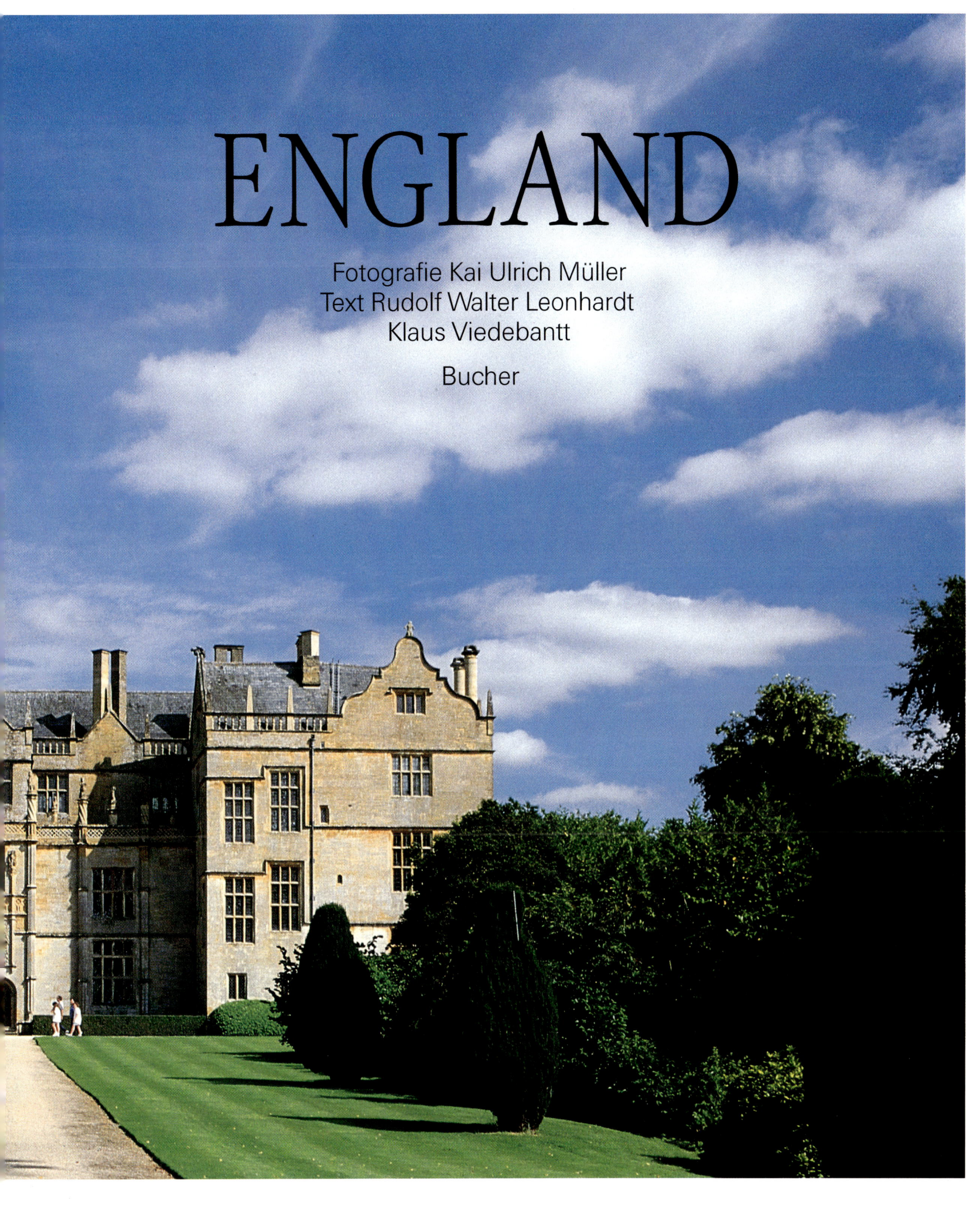

ENGLAND

Fotografie Kai Ulrich Müller
Text Rudolf Walter Leonhardt
Klaus Viedebantt

Bucher

INHALT

Bildkapitel

Kai Ulrich Müller

Ohne England sähe die Welt anders aus 11

Rudolf Walter Leonhardt

Seite 1: Bei der Parade «Trooping the Colour» in London, die am Geburtstag der Königin stattfindet.

Seite 2/3: Montacute House in der Grafschaft Somerset.

Oben: Einst Königspalast, Sonnentempel oder Totenkultstätte, heute Pilgerziel der Touristen – die rätselhaften Steinkreise von Stonehenge.

REISE ✺ FÜHRER

Klaus Viedebantt

Die eindrucksvolle Kirchenruine der im Jahr 1131 gegründeten Zisterzienserabtei Rievaulx liegt östlich von Thirsk im North York Moors National Park (siehe auch Seite 125).

Ohne England sähe die Welt anders aus

Rudolf Walter Leonhardt

William Cobbett schrieb «Rural Rites» 1830. Anderthalb Jahrhunderte später schrieb Richard West «An English Journey» (1981). So weit die Meinungen dieser beiden Autoren auch auseinandergehen, einig sind sie sich in der Überzeugung: Das schöne, das geliebte «Old England» schwindet dahin und Schlimmes steht uns bevor! Vielleicht hat der amerikanische Historiker Henry Commager ja recht, wenn er (1948) schreibt: «Nirgendwo ist der Volkscharakter beharrlicher als bei den Engländern [...] Dies ist der erste und offenkundigste englische Wesenszug.» Und was denn wäre England anderes, abgesehen einmal von seiner bevorzugten geographischen Lage, als das, was die Engländer daraus machen? Wo viel Licht ist, ist auch starker Schatten. Stabilität ohne Veränderung, Frieden ohne Streit, Reichtum ohne Armut, Lust ohne Schmerz gibt es nur im Märchen.

Die Engländer sind Weltmeister im Erinnern und im Festhalten an alten Bräuchen. Ein alter Brauch ist es, bei Partys (eine englische Erfindung) nur ja nicht über Ernsthaftes, wohl gar Kontroverses zu reden. Da gibt es nur Small talk. Als Gesprächsstoff bietet sich immer das Wetter an. Eine typische Unterhaltung läuft dann so: «Daß es sogar im August von morgens bis abends geregnet hat, war schon lange nicht mehr da.» – «Doch, doch, erinnern Sie sich nicht, am 20. August vor vier Jahren, es war ein Dienstag, da regnete es Katzen und Hunde, von Sonnenaufgang bis lange nach Sonnenuntergang.»

Agatha Christie hat dieses Spiel mit der Erinnerung zur hohen kriminalistischen Kunst entwickelt. Ihre Meisterdetektivin Miss Marple findet die von ihr gesuchte Lösung eines Verbrechens immer dadurch, daß es sie an ein anderes erinnert, bei dem viele Begleitumstände ähnlich waren.

Die berühmte Londoner Polizeidirektion heißt «Scotland Yard». Sie hatte ihren ersten Sitz Whitehall Place 4. Dort aber grenzte sie an den ehemaligen Londoner Palast der Herzöge von Schottland. Den gibt es natürlich auch schon lange nicht mehr.

Oder ein Beispiel aus einer ganz anderen Welt. Eines der fünf besten Londoner Hotels heißt «Savoy». Was treiben die Savoyarden in London? Ganz einfach: Dort stand ein Palais, das Heinrich III. 1241 seinem angeheirateten Neffen Peter von Savoy geschenkt hatte, dem Ur-ur-(15 mal ur-)Enkel Viktor Emanuels von Savoyen. Am gleichen Platz baute Richard d'Oyly-Carte 1889 sein Hotel.

In anderen Staaten werden Straßen und Plätze immer wieder umgetauft, spätestens nach jedem politischen Umsturz. In London finden wir noch heute Aldgate, Billingsgate, Newgate, Bishop's Gate, Aldersgate, Ludgate, Moorgate, Cripplegate. Die dazugehörigen Tore gibt es seit Jahrhunderten nicht mehr.

Es scheint naturgegeben, daß die Engländer den Regenschirm erfanden. Noch bis vor kurzem konnte man sich einen aufstrebenden Geschäftsmann der City nicht anders vorstellen als in *bowler hat* und Regenschirm, der übrigens aufgerollt getragen wurde, solange es nicht ganz abscheulich goß. Doch ist die Mode noch keine zweihundert Jahre alt. Und sie war eher ein praktischer Trick als eine Erfindung. Ein ziemlich verrückter Mensch namens Jonas Hanway (1712–1786) machte nicht nur den Tee für viele Selbstmorde verantwortlich, er kümmerte sich auch um Findelkinder, heuerte Matrosen an und warnte Juden davor, sich taufen zu lassen. Er kam auf die Idee, Sonnenschirme zum Schutz gegen den Regen zu verwenden. Eine neue Industrie entstand.

Lauter kleine Erbsen, und kein geistiges Band? Aber das Leben, auch das englische, besteht zunächst einmal aus lauter Einzelereignissen. Wie Thomas Carlyle 1840 so treffend schrieb: «Die Gegenwart ist nichts als die Gesamtsumme alles Vergangenen.» Von konkreten Fakten läßt sich abstrahieren, Zusammenhänge lassen sich konstruieren. Man könnte nachzuweisen versuchen, daß dem Siegeszug des Regenschirms die Vorherrschaft der englischen Herrenmode zu danken ist. An Scotland Yard ließe sich anschließen, daß die britische Hauptstadt noch heute eine der sichersten Metropolen unserer Welt ist.

Politische Traditionen

Beeilen wir uns lieber, zu den Errungenschaften überzugehen, die üblicherweise gemeint sind, wenn einer sagt, ohne England sähe die Welt anders aus: die Demokratie und das Königshaus sowie die Verbindung zwischen beiden zur konstitutionellen Monarchie. Nun ist «Demokratie» keine englische Erfindung, sonst hieße sie wahrscheinlich «folk rule», und Könige gab es auch anderswo, und das schon früher.

Immerhin läßt sich nicht leugnen, daß der Thronsessel König Eduards neben dem Stuhl Petri die einzige Institution ist, die seit mehr als tausend Jahren funktioniert - nicht immer reibungslos, nie ohne Widerspruch, aber eben doch. Ein Amerikaner, der stolz ist auf seine Republik und stolz darauf, daß seine Vorfahren 1776 das «Joch der englischen Krone» abgeworfen haben, urteilte: «Das wirklich Eindrucksvolle an der englischen Monarchie ist, daß man sich zunächst zynisch davon distanzieren kann und am Ende doch überzeugt ist: die Engländer haben da etwas, was aus politischen, aus moralischen und aus persönlichen Gründen nicht unterschätzt werden darf.» - Was gerade das englische Königshaus so eindrucksvoll gemacht hat, war wohl vor allem seine Kontinuität, die nur elf Jahre lang (1649-1660) durch Cromwells Diktatur unterbrochen wurde. Bei dieser Gelegenheit wurde auch zum einzigen Male einem britischen König der Kopf abgeschlagen. Dennoch haben viele erfahren: «Uneasy lies the head that wears a crown.» So schrieb Shakespeare, und seine Königs-Dramen legen Zeugnis dafür ab. Aber auf die Köpfe kam es nicht so sehr an. «Es ist da etwas hinter dem Thron, das größer ist als der König», schrieb William Pitt. Dabei hatte sein König, Georg III. (1760-1820), Vollmachten, die etwa denen eines amerikanischen Präsidenten heute entsprechen.

Aber Georg III. war deutscher Herkunft wie seine Vorgänger und seine Nachfolger. Wirklich englisch, genau genommen: walisisch, war das britische Königshaus eigentlich nur zur Zeit der Tudors (1485-1603). Es kann also nicht so etwas wie eine spezifisch englische Eigenart der Personen gewesen sein, die aus England so eine Mustermonarchie machte. Es war wohl eher das Ambiente. Englische Lust am Beharren einerseits, englische Weltoffenheit andererseits sorgten dafür, daß der Monarch immer mehr an Macht verlor, immer stärker abhängig wurde vom Parlament.

Es wird oft wiederholt, was ein John Bright 1865 zum ersten Male sagte: England ist die Mutter der Parlamente. Wenn man bei dem Bilde bleiben wollte, dann müßte das freilich eine recht langlebige Mutter gewesen sein, die sehr viele verschiedene Kinder hervorbrachte. Aber auch dabei herrschte das englische Prinzip des gemächlichen Fortschritts: Es wurde alles immer etwas besser, aber langsam, langsam und nicht ohne Rückschläge. Erst im 14. Jahrhundert entstanden zwei miteinander rivalisierende Interessenvertretungen, die man dann «Kammern» nannte: auf der einen Seite der hohe Adel mit dem König; auf der anderen der niedrigere Landadel und die Großkaufleute aus den Städten.

Diese zweite Kammer, die «Commons», wurde zur eigentlichen Wiege des Parlaments; die erste, das «House of Lords», verlor mit ihrem König an Macht. Versammlungsort der Commons war von 1272 bis 1547 das Stiftshaus der Abtei von Westminster, von 1547 bis 1834 die Stephanskapelle. Erst 1854 bekamen die Abgeordneten einen eigens für sie gebauten Sitzungsraum im Palast von Westminster. Der ist zweimal zerstört worden, einmal durch Feuer und einmal durch deutsche Bomben im Zweiten Weltkrieg. Aber nach den notwendigen Reparaturen steht das Unterhaus noch heute so, wie es 1854 den

*Bedeutende Persön-
lichkeiten der eng-
lischen Geschichte.*

*Oben: Audienz bei
Königin Elisabeth I.
(1533–1603).*

*Mitte, von links
nach rechts: Oliver
Cromwell (1599 bis
1658); König
Karl I. (1600 bis
1649); König
Georg I. (1660 bis
1727).*

*Unten: Die erste
Kronratssitzung
von Queen Victoria
(1819–1901).*

Es ist schon verrückt, wie in letzter Zeit das britische Königshaus von Skandalen heimgesucht wurde, deren Ursachen zum größeren Teil im Intimbereich seiner Mitglieder zu suchen waren: Liebe und Treue, Ehebruch und Scheidung. Der Scheidungskomplex datiert von 1936. Seine engen Beziehungen zu Faschisten und Nationalsozialisten hatten nicht verhindern können, daß Eduard VIII. 1936 König wurde. Aber als er eine geschiedene Frau heiraten wollte, die Amerikanerin Wallis Simpson, da mußte er sogleich wieder abdanken und den Rest seiner Jahre als Herzog von Windsor verbringen. Frau Wallis hatte in der Tat ein wildes Leben geführt, über das der «China Report» des britischen Geheimdienstes haarsträubende Auskünfte gibt; aber das hätte man offenbar alles noch hingenommen, wäre sie nicht geschieden gewesen. So besonders verrückt ist das ja, weil einer, den man zu den wichtigsten Begründern der Macht des englischen Königshauses zählen muß, die Scheidung gewissermaßen eingeführt hat in England: Heinrich VIII. (1509 bis 1547) löste die englische Kirche von der römischen Herrschaft des Papstes, um sich von Katharina von Aragonien scheiden zu lassen und seine Mätresse Anna Boleyn heiraten zu können. Ein zweites Mal ließ er sich von Anna von Cleve scheiden, während bei Anna Boleyn und Katharina Howard der Henker die Aufgaben des Scheidungsrichters übernahm. Abgesehen von Nummer sechs, Katharina Parr, die ihren Ehemann überlebte, tat nur Johanna (Jane) Seymour unbeanstandet ihre Pflicht: Sie heiratete, gebar einen Thronfolger (Eduard VI.) und starb. Ihre kuriosen Seiten hat auch die Geschichte der Thronfolge: Die Scheidung von Katharina war ja nicht zuletzt damit begründet worden, daß sie zwar eine Tochter Maria, aber keinen Sohn geboren hatte. Und der englische Thron, glaubte Heinrich VIII., könne nur von Männern besetzt werden. Dieser Irrtum wird zur Groteske dadurch, daß am Ende doch auf Heinrichs Sohn, als er 1553 gestorben war, Heinrichs Töchter Maria (1553–1558) und schließlich Elisabeth, das Kind der wegen Ehebruchs hingerichteten Anna Boleyn, Königinnen von England wurden. Wozu bemerkt werden sollte, daß im Vergleich die Frauen in der Nachfolge Wilhelms des Eroberers viel besser abgeschnitten haben als die Männer. Der Hof des «fröhlichen Monarchen» Karl II. (1668–1685) galt als der anstandsloseste Europas. Jakob II. (1685 bis 1688) gab dauernden Anlaß zu Skandalen mit Frauen wie seiner berühmten Mä-

SKANDALE IM KÖNIGSHAUS GAB ES SCHON IMMER

tresse Arabella Churchill. Die Hannoveraner waren nicht ganz so vergnügungssüchtig. Aber die Frau Georgs I. (1714 bis 1727) hatte einen Liebhaber; Georg II.

Oben: König Eduard VII. (1841–1910).
Unten: Eduard VIII. und Wallis Simpson.

(1727–1760) lebte in freier Ehe und mit vielen Mätressen; Georg IV. (1820–1830) war ein rechter Lebemann, der freilich vergeblich die Scheidung von seiner Ehefrau einklagte; Wilhelm IV. zeugte zehn Kinder – alle illegitim. Und kommen wir zu den Windsors, die sich zunächst freilich noch Sachsen-Coburg-Gotha nannten, dann stoßen wir bald auf den Mann, vor dem keine Schauspielerin, Sängerin, Tänzerin sicher war, vor allem während seiner Kronprinzenzeit, die immerhin sechzig Jahre dauerte: Bertie, auch Edward the Caresser genannt; als Eduard VII. (1901 bis 1910) mäßigte er sich dann ein wenig, schon seines Alters wegen. Daneben wirken drei der Königinnen geradezu strahlend: Elisabeth I. (1558–1603), Viktoria (1837–1901) und Elisabeth II. (seit 1952). Ihr gesitteterer Lebenswandel läßt sich wohl auch an der langen Regierungsdauer ablesen. Gegenüber Jahrhunderten der Völlerei und Wollust wirkt das britische Königshaus heute mit seinen paar kleinen Ausrutschern, an denen die Königin selber nicht teilhat, richtig brav. Wie kommt es dann, daß es so in Skandale versunken erscheint, daß 1992 gar zum «annus horribilis», zum schrecklichen Jahr gestempelt werden konnte? Natürlich gab es auch zu Zeiten Heinrichs VIII. Klatsch und Tratsch, aber doch nur in sehr kleinen Kreisen, weitgehend auf London beschränkt; wobei durch adelige Besucher diese oder jene Mär, deren Tatsachengehalt schwer zu überprüfen war, bis nach Paris und Madrid vordrang. Aber damit hatte es sich dann auch. Seriöse Historiker haben davon wenig berichtet. Als die Encyclopaedia Britannica einem Londoner und einem Oxforder Historiker den Auftrag gab, dreihundert Zeilen lang über Heinrich VIII. zu informieren, taten sie dessen Privatleben in fünf Zeilen ab. Dann aber kam Alfred Northcliffe (1865 bis 1922), der Erfinder der Sensationspresse («Daily Mirror», 1903), wie wir ihn wohl nennen dürfen. Die behandelte anfangs das Königshaus noch recht zurückhaltend. Das änderte sich in den siebziger und achtziger Jahren mit dem Auftauchen von Presse-Tycoons, die sich von englischen oder gar royalistischen Loyalitäten nicht eingeengt fühlten, Leute wie Maxwell und Murdoch. Und dann kam das Fernsehen, das seinen ersten weltweiten Erfolg übrigens anläßlich der Krönung von Elisabeth II. feierte. Und nun kennen wir sie eben alle, da sie zu uns ins Wohnzimmer kommen. Und nun tratschen wir alle: Skandal! Skandal!

Rudolf Walter Leonhardt

Abgeordneten übergeben worden war. – Die freilich hatten sich inzwischen vermehrt. In der großen «Reform Bill» von 1832 (manche datieren die britische Demokratie von da an) war der Mittelklasse das aktive wie passive Wahlrecht zugesprochen worden. Und das Unterhaus wuchs weiter: 1867 erhielten auch die Facharbeiter in den Städten das Wahlrecht, 1884 die Landarbeiter. Und endlich 1919 die Frauen.

Sie sind einen kleinen Exkurs wert. Das Pluraletantum macht uns zu schaffen. «Die Frauen» Englands sind als besonders schön gepriesen worden (ich schließe mich an) und als besonders zickig, sommersprossig, pferdegebissig verrissen. Auch als frigide – Thema indiskutabel, gestrichen. «Süß, wenn auch dumm» nannte man sie in den Herrenclubs. Als Heimchen am Herde galten sie auch. Ebenso freilich besteht kein Zweifel, daß es vier Frauen waren, die England ins politische Weltgespräch brachten: Elisabeth I., Elisabeth II., Viktoria (Königinnen) und Mrs. Margaret Thatcher (Premierministerin). Was haben die denn gemeinsam? Gemeinsam vielleicht auch mit den Begründerinnen der Frauenbewegung, die in England ihren Ausgang nahm, von Mary Wollstonecraft bis zu Emmeline Pankhurst? Sie sind alle so wunderbar, unheilbar englisch (was ja im Falle von Queen Victoria ethnischer Unsinn ist).

Aber so sehr auch Zweifel geäußert werden am Sinn des Unterhauses (vom Oberhaus und dem Königshaus nicht zu reden): eindrucksvoll ist es doch, wie da zum Beispiel seit Jahrhunderten der «Speaker» über alle Partei-Diskussionen herrscht, sie beherrscht, obwohl er doch ebenfalls einmal einer dieser Parteien zugehörte. Seine Rolle hat man in vielen Ländern zu kopieren versucht. Aber ob man ihn nun Moderator nannte oder *chairman* – nie hat er die Autorität des Speakers im britischen Parlament erreicht. All das damit verbundene Ritual – Verneigung zum Beispiel vor dem Sessel des Speakers, auch wenn der gar nicht besetzt ist – gehört dazu. England ohne seine Traditionspflege wäre beinahe ein Staat wie alle anderen. Und warum denn nicht? Es wäre schade.

Eine Welt würde verrückt werden, in der in den neunziger Jahren nirgendwo mehr gälte, was in den siebzigern, in den siebzigern nicht mehr, was in den fünfzigern gegolten hat. Eine solche Welt aber droht uns, in der alles immer schneller, immer dynamischer, immer hektischer, immer wieder anders wird – das Leben wie das Sterben. «Bliebe der Mensch nur sich selber treu, dann wäre er vollkommen.» Das schrieb natürlich ein Engländer. Shakespeare.

Freilich: sich selber treu bleiben – was heißt das? Sollte der Mörder sich selber treu bleiben? Die Engländer erkannten, daß sie hier einen neuen Wert einschieben mußten: Gerechtigkeit. Sie waren vielleicht nicht die ersten. Aber sie haben bis heute durchgehalten, was schon in ihrer anonymen Verfassung von 1215 stand: «Wir werden niemandem Gerechtigkeit verweigern. Wir werden sie niemandem lange vorenthalten.»

Das englische Recht

Englische Gerechtigkeit beruht auf dem «Common Law», und die sprachliche Nachbarschaft zu «common sense» (gesunder Menschenverstand) ist kein Zufall. Unrecht ist, was anderen Schaden zufügt, indem es gegen die guten Sitten und Gewohnheiten verstößt. Um ein solches Prinzip überhaupt aufrechterhalten zu können, müssen die Sitten und Gewohnheiten so relativ stabil sein wie in England. Und das Gesetz muß vertreten werden von Leuten (bis 1956 Männern), die intelligent, gelassen, gut ausgebildet und hoch gebildet sind, die jedoch das, was den Engländern das Höchste ist, beinahe uneingeschränkt für sich haben: völlige Freiheit und Unabhängigkeit.

«Wenn die Gerechtigkeit eine Stimme hätte», schrieb der französische Historiker und Geschichtsphilosoph Hippolyte Taine, «dann spräche sie wie ein englischer Richter.» In keinem anderen Beruf ist in England die Auswahl, und das gilt nach wie vor, so streng wie unter den Juristen. Zunächst einmal gehen sie alle die üblichen drei Jahre zur Universität, nicht etwa, um dort Jurisprudenz zu trainieren, sondern um sich jene Art von Allgemeinbildung zu erwerben, an die Engländer, Gott sei Dank, noch glauben.

Danach scheiden sich nicht nur die Geister, sondern auch die Berufe: in *solicitor* (Anwalt, Berater, Notar) und *barrister* (Rechtsvertreter vor Gericht). Wer *solicitor* werden will, muß drei bis fünf Jahre als zahlender Angestellter bei einem angesehenen Vertreter seines Faches arbeiten. Wer hingegen *barrister* werden will, muß eine der vier großen Rechtsschulen (Inns of Court) besuchen: Gray's Inn, Lincoln's Inn, Middle Temple oder Inner Temple. Wer Richter werden will, kann gar nichts tun als darauf hoffen, daß ein illustres Gremium, in wichtigen Fällen der Lordkanzler selber, unter den fähigsten *barristers* ihn auswählt. Der Berufsstand des Richters ist denn auch der am höchsten angesehene; er wird besser bezahlt als ein Minister.

Die Stellung des Richters ist einmalig in der Welt, und einmalig ist das Verfahren der Rechtsfindung. Es besteht ähnlich freilich in allen Staaten, die einmal zum British Empire gehört und es übernommen haben: von den USA bis nach Australien.

Weil es einen so wichtigen und typischen Beitrag der Engländer zu unserer Welt darstellt, müssen ein paar Sätze auch noch über das Verfahren gesagt werden. Es ist natürlich nicht damit getan, daß jeder dieser hochgebildeten Menschen nun jedesmal wieder für sich selber entscheidet, wie und wem Schaden entstanden ist durch einen Verstoß des Angeklagten gegen Brauch und gute Sitten. Es ist schließlich nicht so einfach zu entscheiden, wann und unter welchen Umständen das Töten eines anderen Menschen Mord oder Totschlag oder Notwehr oder vaterländische Pflicht ist. «Im Grunde gibt es gar keine Gerechtigkeit» sagt in Thomas Hobbes' «Leviathan» (1651) schließlich nicht nur der Narr. Wo Moral und Recht aufeinanderstoßen, ist auch Salomon hilflos.

In England wurde das «Common Law» entwickelt zum «Case Law», das heißt: der sehr kluge Richter Smith konnte sich nicht einfach darüber hinwegsetzen, was der sehr kluge

Beispielgebende Errungenschaften der englischen Demokratie: Entscheidungsfindung im Parlament und Rechtssprechung auf der Grundlage des «Common Law».

Oben: Szene im House of Commons Ende des 19. Jahrhunderts.

Mitte links: Gerichtsverhandlung Mitte des 19. Jahrhunderts.

Unten links: Premierminister Gladstone spricht 1882 vor dem House of Commons.

Unten rechts: Mitglieder des House of Commons während einer Debatte.

17

Richter Miller in einem ähnlichen Fall befunden hatte. Er mußte also Präzedenzfälle berücksichtigen, nach bester Agatha-Christie-Art: «This reminds me of […]» Je industrialisierter die Welt der Bauern und Gutsherren wurde, desto häufiger gab es Streit über Fälle, die dem natürlichen Rechtsempfinden des Bürgers fern liegen, also zum Beispiel: Darf eine auch für das Gemeinwohl sehr profitable Fabrik die Lebensqualität eines ganzen Dorfes in Frage stellen oder nicht? Für solche Fälle wurden Gesetze und Verfügungen der Regierung erlassen, Statuten also, die der Richter in Erwägung ziehen muß («statutory law»). Und schließlich gab es da die fleißigen Kollegen, die wohlerwogene Kommentare schrieben über Entscheidungen, welche ein Richter einmal getroffen hatte. Auch solche Kommentare können seine Nachfolger keinesfalls unberücksichtigt lassen. Es wird – in allen Staaten – immer mehr verlangt von den Richtern. Am besten haben bis heute die englischen Richter diese Probe bestanden.

Dabei fehlt von allem noch das Wichtigste. Es gibt im englischen Recht keinen Staatsanwalt; sondern der Staat (im Englischen «die Krone» genannt) wird genauso von irgendeinem *barrister* freier Wahl vertreten wie die oder der Angeklagte. Während des Prozesses hat unser kluger Richter eigentlich gar nichts zu sagen. Er hört zu, den Argumenten der einen Seite wie denen der anderen. Danach entscheiden zwölf Laien, deren Auswahl dem Zufall überlassen bleibt: «schuldig» oder «nicht schuldig». Der Richter macht ihnen Sinn und Bedeutung ihrer Aufgabe noch einmal klar, etwa so: «Sie mögen denken, daß der Angeklagte nicht ein Mensch ist, den Sie gern zum Nachbarn hätten. Sie mögen ihm die Tat durchaus zutrauen. Darum handelt es sich aber hier nicht. Die Frage, die Sie entscheiden sollen, lautet: ‹Sind Sie nach allem, was Sie hier gehört haben, zur festen Überzeugung gelangt, daß nur er die Tat begangen haben kann? Dann, aber auch nur dann, sollen

Sie ihn schuldig sprechen.› » Danach entscheiden die Geschworenen. Kommen sie zu keinem einstimmigen Entschluß, muß das ganze Verfahren – gleicher Angeklagter, gleicher Richter, aber andere Jury – neu aufgerollt werden.

Das ist gewiß eine im Rahmen des Menschenmöglichen faire Art der Urteilsbildung. Richard Steele schrieb 1709 in der Zeitschrift «Tatler»: «Ich bin gern bereit, mich dem Urteil meines Landes zu unterwerfen, und ich gestehe zwölf guten und wahrheitsliebenden Menschen zu, dieses Land zu sein.»

Das Verfahren ist freilich auch sehr aufwendig. Schon lange werden weniger schwerwiegende Fälle von einem Amtsrichter entschieden und der *trial by jury* denen vorbehalten, wo es um Tod oder Leben geht. Wo da die Grenze verläuft, ist umstritten.

Wirklich um Tod oder Leben geht es seit 1965 nicht mehr. Bis zum Anfang des Jahrhunderts gab es noch ungefähr zweihundert Verbrechen, auf die Todesstrafe stand. Liberalen Juristen gelang es 1861, die Zahl der todeswürdigen Verbrechen auf vier zu beschränken: Mord und Hochverrat, dazu – Kapitalverbrechen einer Seefahrernation – Piraterie und Brandstiftung auf Schiffswerften. Für völlige Abschaffung der Todesstrafe sorgte dann der mutmaßliche Mörder Timothy Evans. Er war 1949 des Kindesmordes für schuldig befunden und gehängt worden. Der Verdacht, daß es sich dabei um einen Justiz-Irrtum gehandelt hatte, wurde so groß, daß Evans post mortem im Namen Ihrer Majestät freigesprochen werden mußte. Danach gab es keine Todesstrafe mehr.

Und das ist auch so ein sehr vernünftiges und sehr englisches Prinzip: Lieber zehn Schuldige laufen lassen als einen Unschuldigen umbringen. Idealisieren wir nicht lebensfremd. Im Krieg gegen Irland, zum Beispiel, gilt dieses Prinzip überhaupt nicht. Aber in welchem Kriege gäbe es denn moralische Prinzipien?

19

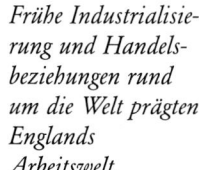

Frühe Industrialisierung und Handelsbeziehungen rund um die Welt prägten Englands Arbeitswelt.

Oben links: Penn's Maschinenfabrik in Greenwich, Foto von 1867.

Oben rechts: Die Docks von Portsmouth, Foto von 1900.

Mitte: Kohlebergwerk bei Hetton, Holzstich um 1835.

Unten: Die Docks von London, Foto um 1895.

Der Krieg gegen Irland ist eines der trübsten Kapitel der englischen Geschichte. Als «Bürgerkrieg» wird er falsch definiert, und als *troubles*, Lieblingswort der Engländer für solche Fälle, aufs dümmste verharmlost. Gewiß, da sterben im Jahr nicht mehr als tausend Menschen; aber seit Oliver Cromwell, mit dem das alles anfing, läppert sich das doch zusammen. Und in den Jahren der Hungersnot waren's auch schon mal zwei Millionen. Dieses Irland ist ein großer Schandfleck auf der ansonsten doch ziemlich sauberen britischen Militärgeschichte. Ganz sauber sind Militärgeschichten nie. Auch einige Feldzüge gegen die Schotten sind keine Ruhmesblätter. Freilich waren Iren und Schotten eben keine richtigen Engländer, wovon später noch einmal zu reden sein wird. Im eigentlichen England ging es, abgesehen einmal vom großen Bürgerkrieg unter Cromwell, relativ friedfertig zu. Die Traditionen des Landes wurden nie in ähnlicher Weise erschüttert wie die Mitteleuropas durch den Dreißigjährigen Krieg. Zwar hatten die Engländer ihren Hundertjährigen Krieg; aber der fand ja praktischerweise in Frankreich statt. Und der einzigen großen Revolution, die es in England gab, wurde das Attribut «glorious» beigegeben, weil sie ohne Blutvergießen abging und weil ihre Folgen sich als wohltuend erwiesen haben. Durch sie wurde die Personalunion mit Hannover 1714 ermöglicht, die als der Beginn des modernen Großbritanniens zu sehen ist und seines Aufstiegs zur Weltmacht.

Die industrielle Revolution

Vom Ende her betrachtet, wirkt die industrielle Revolution wie ein sorgfältig geplantes Unternehmen. Dabei addierte es sich wie jedes komplexe Jahrhundertereignis aus einer Kette von Zufällen. Nur das Szenario dafür hätte glücklicher kaum gewählt werden können: das gemäßigte Klima einer Insel, in deren Bevölkerung die Traditionsliebe des Landbewohners und die Risikofreudigkeit des Seefahrers sich erfolgreich zusammengeschlossen hatten und die von größeren Störungen verschont geblieben war. Der Gutsherr und seine Leute entfernten sich nicht weit vom Ort und züchteten dort ihre Schafe. Der Kaufmann hingegen, der all die produzierte Wolle an den Mann bringen mußte, brauchte Beweglichkeit und fand sie mit Hilfe von Schiffen.

Was man heute die Infrastruktur nennen würde, war bis weit ins 16. Jahrhundert hinein erbärmlich. Im 17. fing man an, das noch von den Römern stammende Straßennetz zu erweitern. Im 18. Jahrhundert wurden Kanäle gebaut. Und im 19. kam dann noch, Krönung und Ende der industriellen Revolution, die Eisenbahn dazu.

Ähnlich die Entwicklung der Energiequellen. Am Anfang benutzte man, wo möglich, Wasserkraft; anderswo wurden die Wälder abgeholzt. Gerade rechtzeitig, es gab bald kein Holz mehr, lernte man mit dem kostbarsten, reichlich vorhandenen Bodenschatz, mit der Kohle, umzugehen. 1709 gelang es, einen Hochofen in Gang zu setzen. Und 1769 meldete James Watt sein erstes Patent auf die Dampfmaschine an.

Da fügte sich dann alles zusammen. Die Wolle wurde nicht mehr im Rohzustand exportiert, sondern bearbeitet. Wofür die Erfindung des Weberschiffchens 1733 und der Jenny-Spinnmaschine ein paar Jahre später gerade recht kamen. Für den neuen, nun schon industriellen Güterverkehr erwiesen sich die alten Handelsbeziehungen, die durch den Transport entwickelt worden waren, als sehr günstig. Gegen Ende des 17. Jahrhunderts bestanden zwei Drittel des gesamten britischen Exports aus Wollwaren.

Von der neuen Art, mit Kohle umzugehen, profitierte die Herstellung von Eisen. 25 000 Tonnen davon exportierte Großbritannien im Jahre 1720; weit mehr als eine Million Tonnen hundert Jahre später.

Das Geld floß in Strömen. Glasgow wurde mit seinen Schiffswerften am Clyde eine der reichsten Städte der Welt. Reicher noch war London. Nie vorher und später nie wieder sollen dort so viele Entdeckungen gemacht worden sein wie in der ersten Hälfte des 19. Jahrhunderts. Eine davon war die erste Untergrundbahn, die auf starken politischen Widerspruch stieß. Der Herzog von Wellington hatte gefürchtet, ganz unbemerkt könnte da doch eine französische Armee mitten in London aussteigen. Londons Einwohnerzahl verdoppelte sich zwischen 1800 und 1840 von einer Million auf zwei Millionen. Stil und Lebensweise der Zeit demonstrieren Gebäude wie das Britische Museum, die Bank von England und die Universität.

Zur gleichen Zeit freilich spielen die Romane von Charles Dickens und schildern uns das Elend der armen Leute, die keine Fabriken besaßen, sondern schon froh waren, für einen Hungerlohn an den Fließbändern arbeiten zu können. Und Großbritanniens bedeutendster Premierminister der Zeit, Benjamin Disraeli (1804–1881), prägte das düstere Wort von den «zwei Nationen», die da miteinander leben müssen, den Wohlhabenden und den Nichtshabenden. Irgendwie kommt uns das bekannt vor. Es geht eben nicht immer nur aufwärts.

Mit dem 19. Jahrhundert neigte sich Englands Weltgeltung und Wirtschaftsmacht ihrem Ende zu. Schuldzuweisungen sind da problematisch. Moralisten weisen gern darauf hin, daß die viktorianische Sittenstrenge durch einen lockereren Lebenswandel verdrängt worden war und daß der Kronprinz dazu nicht wenig beigetragen hatte. Nun bedarf vermutlich einiger vergnüglicher Ablenkung jemand, der sechzig Jahre lang Kronprinz sein mußte, ehe er 1901 als Eduard VII. König werden und dann noch neun Jahre regieren durfte. Er war, was nach einer Lieblingseinteilung englischen Volksschulunterrichtes «a bad king» genannt wird. Aber England hatte schon viele «schlechte Könige» ertragen. Und politisch spielte der König ja inzwischen keine entscheidende Rolle mehr.

Es kam der Erste Weltkrieg, den außer ein paar Marineoffizieren keiner so recht gewollt hatte. Und er endete, wie alle modernen Kriege enden: Niemandem außer ein paar Rüstungsfabrikanten ging es danach besser.

Auf die Dauer war von größerer Bedeutung, daß das soziale Ungleichgewicht nicht länger zu halten war. Anfang 1924 war die Arbeiterpartei stark genug geworden, zum ersten Male den Premierminister zu stellen. Dabei ging auch dieser soziale Umbruch friedlich vonstatten und lief in den Formen der traditionellen Gewohnheiten ab.

Überwiegende Toleranz und Gelassenheit ermöglichen ein unentbehrliches Mittel der Parteipolitik: den Kompromiß. Darin jedenfalls war England noch immer vorbildlich (solange es sich nicht um Irland handelte, mit dem durch Abtrennung der sechs Grafschaften im Norden ein verhängnisvoller Kompromiß zustandegekommen war).

Die anglikanische Staatskirche

Früher hatte es viele Kompromisse gegeben, die besser gelungen waren als der irische. Zum Beispiel den königlichen Kompromiß. Lieber nahm man dabei Widersprüche in Kauf, statt die im allgemeinen segensreiche Kontinuität zu gefährden. Der britische Monarch ist ja als «defensor fidei» das weltliche Oberhaupt der Staatskirchen. Nun jedoch gehört, seit das Geschlecht der Stuarts auf den englischen Königsthron kam, zu der Staatskirche des Monarchen sowohl die schottische Kirche, in der calvinistische Reformer verehrt und Bischöfe abgelehnt werden, wie auch die englische Kirche, in der Bischöfe verehrt und calvinistische Reformen abgelehnt werden.

Dabei kann man nicht sagen, daß religiöse Fragen leicht genommen worden wären. Um sie ging es schließlich bei der Großen Rebellion in der Mitte des 17. Jahrhunderts, beim Kampf der Puritaner gegen die römischen Katholiken, aber auch gegen die anglikanische Staatskirche, die ihnen noch viel zu katholisch war. Manche Historiker schreiben viele der angelsächsischen Eigenschaften – Loyalität, Prinzipientreue, Unabhängigkeitsstreben – gerade der puritanischen Bewegung zu. Der bekannte britische Historiker G. M. Trevelyan definiert sie als «die Religion all derer, die entweder die etablierte Kirche von den Flecken des Papismus ‹reinigen› oder die ihren eigenen Gottesdienst freihalten wollten von solchen pfäffischen Flecken».

Da freilich der Drang nach Unabhängigkeit sich nicht plötzlich an irgendeinem Punkt stoppen läßt, ist es nicht reine Ironie, wenn George Bernard Shaw schreibt: «Es gibt nur eine Religion, aber hundert verschiedene Fassungen davon.» Waren die Puritaner die

22

Fortsetzung Seite 43

Zwei klassische England-Motive: Eine der berühmten roten Telefonzellen und Big Ben, der Uhrturm von Westminster Palace in London.

Nächste Doppelseite: Eine Hauptattraktion für London-Besucher ist «The Changing of the Guard» im Friary Court des Buckingham Palace. Die eindrucksvolle Zeremonie der königlichen Infanterie wird jeden Vormittag um 11.30 Uhr mit stets gleicher Präzision vollzogen.

«Nabel der Welt», so nennen die Londoner den rund um die Uhr belebten Piccadilly Circus.

London: Blick vom Fuß der Nelson-Säule über den Trafalgar Square zur National Gallery (links) und zur eleganten Kirche St Martin-in-the-Fields (rechts).

*Der massive
Triumphbogen
Admiralty Arch in
London ist Teil
des Nationaldenk-
mals für Königin
Viktoria. Von ihm
aus führt die
Prachtstraße The
Mall hinauf zum
Buckingham Palace.*

Kitsch und Kunst kann man auf dem am Wochenende stattfindenden Flohmarkt in Camden Lock im Norden von London kaufen. Alte Lagerhallen bilden den passenden Rahmen für Trödel, Kunsthandwerk und Antiquitäten.

Mit einem der berühmten roten Doppeldeckerbusse durch die Oxford Street in London zu fahren ist ein garantiert preiswerter Schaufensterbummel. Auf Europas längster Einkaufsstraße gibt es große Kaufhäuser ebenso wie Boutiquen für den individuellen Geschmack.

«16.50 ab Paddington»: Londons Bahnhof für Züge Richtung Westen ist Schauplatz von Agatha Christies Krimiklassiker.

Nächste Doppelseite: Die Tower Bridge in London. Seit die Kaianlagen des Upper Pool stillgelegt worden sind, hebt das stromabwärts gelegene «Flußtor» der Stadt nur noch selten seine riesigen Fahrbahn-Klappen, um ein Schiff hindurchfahren zu lassen.

Das 1440 von
Heinrich VI.
gegründete King's
College in Cam-
bridge ist eines der
ältesten Gebäude
der Universitäts-
stadt. Die dazuge-
hörige Kapelle,
berühmt für ihre
Gewölbe und ihre
Glasfenster, gilt
als Meisterwerk
der englischen
Spätgotik.

Picknick im Home
Park in Windsor.
«Kulisse» ist
Windsor Castle,
das größte bewohnte
Schloß der Welt.

Wachwechsel vor Windsor Castle. Die fotogenen Männer der königlichen «Foot Guards» verziehen keine Miene unter ihrer schweren Bärenfellmütze.

33

Cambridge: Erinnerungen an Venedig stellen sich bei einer Kahnpartie auf dem Cam ein, wenn die studentischen Gondolieri unter der Seufzerbrücke (Bridge of Sighs) des St John's College hindurchsteuern.

Das Queen's College in Cambridge aus der Mitte des 15. Jahrhunderts gilt als schönstes Ensemble der Stadt. Der berühmte Humanist Erasmus von Rotterdam lehrte hier im 16. Jahrhundert Theologie und Griechisch.

Oliver Cromwell lebte vor seiner großen politischen Karriere als Landmann und Friedensrichter in St Ives bei Ely. Eine Gedenktafel an dem mittelalterlichen Fachwerkhaus, in dem er wohnte, erinnert an ihn.

Nächste Doppelseite: Das Kanalnetz der Norfolk Broads durchzieht eine stille, ländliche Region mit weitem Marschland und Heideflächen. Thurne Dyke Windpump ist ein beliebter Ankerplatz für die Feriengäste des Naturschutzgebietes, die die Kanäle mit Hausbooten und Segelschiffen befahren.

Leeds Castle bei Maidstone. In einem großen Park mit Irrgärten, Teichen und Wäldern liegt die von einem Graben umgebene Festung aus dem 13. Jahrhundert, die nicht selten als «schönste Burg der Welt» gepriesen wird (siehe auch Seite 121).

Ein Paradies für Gartenfreunde: Die duftenden, farbenprächtigen Sissinghurst Gardens bei Cranbrook in der Grafschaft Kent.

Kent ist bekannt für seine herrlichen Gärten und Parks. Im Bild Knole Palace bei Sevenoaks.

Reizvoll spiegelt sich das zwischen Eastbourne und Hastings gelegene Schloß Herstmonceux mit seinen Türmen und Zinnen im breiten Wassergraben.

Nächste Doppelseite: Die Kreideklippen von Beachy Head südwestlich von Eastbourne.

«The Long Man of Wilmington» in East Sussex. Die Entstehung der fast 75 Meter hohen Figur an einem Kreidehang ist bis heute nicht geklärt.

ersten britischen Nonkonformisten, so entwickelten sich daraus im Laufe der Zeit auch die Quäker, die Baptisten, die Methodisten, die Presbyterianer, die (freilich schon älteren) Calvinisten und schließlich die Mormonen, die Zeugen Jehovas, die Heilsarmee und die Christian Scientists. Sie alle und viele andere versuchten und versuchen, einem christlichen Gott auf ihre Weise zu dienen. Heftige Kämpfe hatte es gewiß gegeben. Aber seitdem nach Aufhebung der Testakte (1829) Katholiken auch wieder im Parlament und im Staatsdienst zugelassen sind (nur König oder Lordkanzler dürfen sie nicht werden), hat die Toleranz über den Glaubenseifer gesiegt.

Das sollte nicht vorschnell als Gleichgültigkeit verstanden werden. Agnostik und Skeptizismus traten gewiß stärker hervor im spätviktorianischen England. Die geistige Elite des Landes lehnte sich auf gegen Enge und Prüderie ihres viktorianischen Elternhauses, fand wohl auch die Religion der Väter mit den neuen naturwissenschaftlichen Erkenntnissen schwer vereinbar. Aber der Nonkonformismus blieb eine Kraft der gesellschaftlichen Opposition. Auf ihn konnte sich die im Entstehen begriffene Arbeiterpartei viel stärker stützen als auf eine marxistische Ideologie. Der britische Sozialismus ist nie in den Geruch gekommen, atheistisch zu sein.

Derzeit scheint der Thronsessel König Eduards wieder ein wenig zu wanken. Der Stuhl Petri jedoch steht, wenigstens in Großbritannien, fester denn je. Während der letzten fünfzig Jahre sind aus zwei Millionen britischer Katholiken immerhin vier Millionen geworden. Als ein Freund der englischen Sprache fallen mir besonders viele britische Literaten auf, die dem Katholizismus entscheidende geistige Impulse verdanken: Zu nennen sind etwa der große Mystiker Francis Thompson (1859–1907), der weinfrohe Essayist Hilaire Belloc (1870–1953), der Schöpfer des Father Brown, G. K. Chesterton (1874–1936), der aristokratische Satiriker Evelyn Waugh (1903–1966), der geniale Romancier Graham Greene (1904–1991). – Wer wüßte zu sagen, wieviele Engländer fromm oder gläubig sind? Die immer noch deutlich genug zu spürende Höflichkeit, Freundlichkeit, Hilfsbereitschaft (im Verhältnis zu anderen Ländern) kann auch aus anderen Quellen kommen. Aber eines steht fest: Bibelfest sind sie. (Wir sprechen hier von der gehobenen Mittelschicht.) Das lernen ein paar zu Hause, die meisten in der Schule.

Erziehung zum «fair play»: Public Schools und Universitäten

In England wird über Schulen so viel geklagt wie in allen anderen Ländern der Welt, die ich kenne. Sollten es daher ausgerechnet die englischen Schulen gewesen sein, die dazu beigetragen haben, daß ohne England unsere Welt anders aussähe? So ganz abwegig ist der Gedanke nicht. Zumindest haben sie zwei Begriffe in aller Welt bekannt gemacht, die ihren englischen Ursprung nicht leugnen können: «gentleman» und «fair».

Diese Begriffe lassen sich sehr wohl in Beziehung bringen zu den Public Schools, die nie oder nur kurze Zeit wirklich «öffentlich» waren. Gegenüber der durch das größte englische Königsschloß bekannten Stadt Windsor liegt, nur durch eine Themse-Brücke getrennt, das kleine Städtchen Eton, das berühmt wurde, weil Heinrich VI. dort im Jahre 1440 eine Schule gegründet hatte, auf der den Jungen Griechisch und Latein beigebracht werden sollte, ehe sie sich dann in dem vom gleichen König Heinrich gegründeten King's College Cambridge der Theologie oder der Jurisprudenz zuwandten. Immerhin gab es, und gibt es noch heute, an dieser Schule siebzig Plätze für Stipendiaten, die keine Gebühren zu zahlen brauchen; aber sie sind natürlich handverlesen. Bereits fünfzig Jahre vorher war von Bischof William of Wykeham in ähnlicher Absicht Winchester College gegründet worden. Unter den vier schon dadurch berühmtesten, daß sie die ältesten sind in England, folgten Rugby 1567 und Harrow 1571.

Von Anfang an und mit wachsender Bedeutung dienten diese Colleges oder Public Schools einem sozialen Zweck, nämlich die Kinder des höheren und niederen Adels mit denen der reichen Großkaufleute zusammenzubringen und so eine einigermaßen homogene Oberschicht entstehen zu lassen.

Rugby wäre so unbekannt geblieben, wie es vom 16. bis zum 18. Jahrhundert war, wenn dort nicht ein neues Ballspiel erfunden worden wäre und wenn, was in unserem Zusammenhang relevanter ist, von 1828 bis 1842 nicht Thomas Arnold Direktor der Schule gewesen wäre. Seine erklärten Ziele waren, den Schülern vor allem dreierlei beizubringen: 1. religiöse und moralische Prinzipien, 2. das Benehmen eines Gentleman und 3. intellektuelle Fähigkeiten. Aus der Rangfolge schloß Cora Harris (1930) denn auch: «Nach meiner freundlichen Denkungsweise ist es nicht unbedingt notwendig, daß ein Gentleman gescheit ist.» Auf seine Weise hatte sich auch Sir Robert Peel, ein Zeitgenosse von Arnold und britischer Premierminister, den Produktionsvorgang anders gedacht: «Drei Generationen sind nötig, um aus jemandem einen Gentleman zu machen.»

Arnold wollte es in wenigen Jahren schaffen. Für eine Erfolgsprüfung fehlt es uns nicht nur an den erforderlichen Unterlagen. Es fehlt uns auch an genauen Vorstellungen davon, was ein Gentleman ist. Muß er nun gescheit sein? Im 17. Jahrhundert sagte der Volksmund schlicht: «Ein Gentleman wird sich immer benehmen wie ein Gentleman.»

Aber es gibt eine ein wenig apokryphe Zusammenstellung der Eigenschaften eines Gentleman bereits aus dem Jahre 1420. Da wird verlangt: Vertrauenswürdigkeit, Mitleid, Freiheit, Kühnheit. Vielleicht kam das der Vorstellung wirklich ziemlich nahe: so eine Art Parzival im Nadelstreifenanzug. Sicher wäre auch «fairness» von ihm erwartet worden. Aber das Wort gab es in der hier gemeinten Bedeutung erst seit 1650. Gemeint ist jenes «fair», das gern in der Verbindung «fair and square» auftritt, das einen Gegensatz zu «foul» darstellt und das uns an den Public Schools und Traditionsuniversitäten deswegen auch oft in der Verbindung «fair play» begegnet. Es bedeutet, selbstverständlich an freiwillig akzeptierten Regeln festzuhalten, miese Tricks zu verabscheuen und eben noch jenes kleine Quentchen mehr, das daran englisch ist.

Wer hier ausgebildet wurde, fand unter Garantie seinen Platz in der englischen Gesellschaft.

Oben, von links nach rechts: Oxford, Foto von 1870; Cambridge, Fotos von 1892 und 1922.

Unten links: Oxford, Foto um 1920.

Unten rechts: Eton, Foto von 1907.

High Society mit Stil: Jagdgesellschaft vor der Whitley Lodge, Foto von 1923.

Die Traditionsuniversitäten sind in diesem Zusammenhang nicht so sehr als Lehranstalten zu sehen, sondern vielmehr als Fortsetzung der Public Schools für die inzwischen etwas älter gewordenen jungen Herren von achtzehn oder neunzehn Jahren. Um für seine Schüler den Anschluß zu sichern, hatte ja Heinrich VI. King's College gegründet, und deswegen gründete auch William of Wykeham New College Oxford. Oxford und Cambridge wurden dann oft nachgeahmte Vorbilder für Universitäten in aller Welt, vor allem im ehemaligen British Empire.

Da auch die ersten Propagandisten für Sport und Spiele englische Studenten waren, ist als sicher anzunehmen, daß sie einiges vom Geist des «gentleman» und des «fair play» in die Welt hinausgetragen haben. So ist es auch gar nicht nur kritisch zu verstehen, wenn der weitgereiste englische Romancier Henry Seton Merriman Ende des 19. Jahrhunderts schrieb: «Er war das Produkt einer englischen Public School und Universität [...] Er hatte wenig Bildung und hochentwickelte Muskeln – das heißt, er war kein Gelehrter, sondern seinem Wesen nach ein Gentleman.»

Wie schon Ovid so treffend sagte: *Tempus edax rerum*. Die gefräßige Zeit frißt alles weg. So könnte mein Lied eine Oktave zu hoch gegriffen scheinen. Aber ich sage ja nicht: so ist es, sondern: so war es. Und es kann die Spur von solchen Jahren nicht in Äonen untergegangen sein. Reste sind geblieben. Wer mit offenen Augen durch die Welt geht, sieht sie auch. Ein Student aus Bukarest oder Bielefeld könnte noch heute vor Neid platzen, wenn er an den Rückseiten der Colleges den Cam entlanggeht. Übrigens: in einem waren die Cambridger Studenten vor fünfzig Jahren «moderner» als ihre heutigen Kommilitonen in vielen Ländern (die Niederlande ausgenommen): Sie bewegten sich in der Stadt nur auf dem Fahrrad. Und natürlich wurde es stehengelassen, ohne es abzuschließen. Klauen? Nicht fair. Denn wie kommt der andere dann weiter?

SPORT – EINE ENGLISCHE ERFINDUNG

Als die anderen Nationen zu Ende des 19. Jahrhunderts das Wort «sport» aus dem Englischen übernahmen, bedeutete es auch schon in seinem Mutterland so viel wie heute, also jede Art physischer Ertüchtigung und körperlichen Wettkampfes. Da war das englische Wort aber bereits vierhundert Jahre alt und hatte, zunächst in der Form «disport», jede Art von Vergnügen, auch erotisches, bezeichnet. Nun ist das Gebiet der körperlichen Betätigungsmöglichkeiten freilich groß, und keineswegs jede davon ist ein Vergnügen für alle. Die drei Sportarten des britischen Landadels waren zum Beispiel Jagen, Schießen, Fischen. Danach kamen Fechten, Boxen und Reiten. Daß am Ende die Ballspiele überall im Sport ganz voranstanden, ist eine Entwicklung, die ebenfalls von England ausging. Am Anfang stand eine Art Schlagball. In Amerika wurde daraus Baseball, in England Cricket. Schon Anfang des 18. Jahrhunderts legte der noch heute führende Marylebone Cricket Club, der seit 1788 im Londoner Stadion von Lord's residiert, strenge Spielregeln fest. An Cricket scheiden sich die Geister. So ein Spiel dauert immerhin zwei oder drei Tage. Die meisten Ausländer langweilt es. Die meisten Engländer begeistern sich dafür oder tun doch wenigstens so. Und die Begeisterung wirkte ansteckend auf alle Leute, die nur lange genug mit Engländern zusammen waren. Als es noch der Mühe wert schien zu definieren, welche Länder zum British Commonwealth zu zählen sind, war diese Erklärung nicht die schlechteste: alle, in denen Cricket gespielt wird. Zwar machen die Iren und die Kanadier nicht so recht mit, dafür um so eifriger die Westindier, die Inder, die Pakistanis, die Südafrikaner, die Neuseeländer und vor allem die Australier. Und die Teilnehmergruppe war ja recht glücklich zusammengesetzt: irgendwo schien immer die Sonne, und die gehört nun einmal zur reinen Cricket-Freude. Mit anderen Ballspielen, bei deren Entstehung und Entwicklung sie auch kräftig mitgeholfen haben, waren die Engländer weniger glücklich. Beim Fußball überließen sie die härtere Version den Amerikanern. Eine Assoziation entwarf die Regeln, nach denen Fußball heute in ganz Europa, in Südamerika, in Afrika und neuerdings auch in Asien und Nordamerika gespielt wird. In England heißt das Spiel «Soccer». Wie Fußball ist auch das auf englisch noch immer korrekt als «lawn tennis» bezeichnete Ballspiel in England erfunden oder doch in feste Regeln gefaßt worden. 1876 fand das erste Turnier

im All England Club von Wimbledon statt. Während der frühen Jahre waren die Sieger fast immer Engländer. Heute sind es fast nie mehr Engländer. Vielleicht hat dieser Sport für sie an Vergnügen verloren, was er an Rummel gewonnen hat. Ganz gewiß so ist das beim Fußball. Während Cricket, Tennis und Golf (sowie, später hinzugekommen, Pferderennen in Ascot, Derby und das Grand National in Aintree) einen gewissen gesellschaftlichen Rang behalten haben, obwohl sie als Volksfeste ein durchaus gemischtes Publikum erfreuen, sind Fußballspiele in Verruf geraten vor allem durch ihre Fans, «hooligans», die überall gefürchtet sind, wo sie in großer Zahl auftreten. Das ging so weit, daß der Weltfußballverband bei internationalen Wettkämpfen die Engländer, die das Spiel doch erfunden hatten, jahrelang ausschließen mußte. Andere Ballspiele – Basketball, Wasserball, Eishockey, Handball –, die sich in anderen Ländern höchster Beliebtheit erfreuen, spielen in England kaum eine Rolle. Die Engländer scheinen der Welt das Vergnügen am Sport beigebracht – und es dann selber verloren zu haben. Zu den beliebtesten Fernsehprogrammen zählen sportliche Wettkämpfe freilich immer noch, und die vielen Sonntagszeitungen leben zur Hälfte von ihren ausführlichen Sportteilen. Aber vielleicht hat ja dieses neue Unterhaltungsbedürfnis mit dem Sport, der seine Erfinder inspirierte, gar nichts mehr zu tun. Schon ein altes englisches Sprichwort sagt: Sport ist dort am schönsten, wo es keine Zuschauer gibt.

Rudolf Walter Leonhardt

Englische Sportarten, einst und jetzt: Polo-Team (oben; Foto von 1891); Cricketspieler, konzentriert beim Spiel (Mitte); gemischtes Doppel in Wimbledon (unten; Foto von 1911).

Modernes Studentenleben und Traditionsbewußtsein lassen sich an Englands Elite-Universitäten durchaus vereinen.

Oben: Im Hof des Trinity College in Cambridge.

Unten links: Freizeit am idyllischen Ufer des Cam (siehe auch Seite 34).

Unten rechts: Absolventen und Professoren am Merton College in Oxford.

Die geheimnisvolle Kultstätte Avebury: Innerhalb eines Walls mit einem Durchmesser von über 300 Metern befindet sich ein Steinkreis, der wiederum zwei kleinere Kreise von je 30 Meter Durchmesser einschließt.

Der 122 bis 139 n. Chr. von den Römern errichtete Hadrianswall im Norden Englands ist eine der ältesten Grenzmauern der Welt.

Der erste Vielvölkerstaat

Haben wir bisher zu zeigen versucht, wie Spuren englischer Herkunft sich über die ganze Welt ziehen und doch einiges verändert haben, so geht es jetzt darum, wie England der Welt einen Weg weist zum multikulturellen Staat. Neben dem ganz anders entstandenen und viel schneller gestrickten Muster Amerikas sind die britischen Inseln der erste Vielvölkerstaat der Erde. Es gibt keine Lebensauffassung, keine Religion, keine Hautfarbe, die sich dort nicht finden läßt, und das, mit einem leichten Zukurzkommen von Chinesisch-Gelb, ziemlich gleichmäßig verteilt.

Schon als Vergil im Jahre 37 v. Chr. sang von den *penitus toto divisos orbe Britannos*, waren die Briten nicht mehr so vollkommen von aller Welt getrennt. Nehmen wir einmal an, um nicht bis zu Adam und Eva zurückgehen zu müssen, sie seien Kelten gewesen, deren Wege wir hier nicht weiter verfolgen wollen. Sie saßen also, Vettern von Asterix und Obelix, statt in der kleinen Bretagne in la Grande-Bretagne, wie Großbritannien bei den Franzosen ja heute noch heißt. Auch zur damaligen Zeit dürften sie schon diesen und jenen Brauch von Skandinaviern oder Wikingern ungern empfangen haben, den die Chroniken nicht verzeichnen.

Aber kaum mehr als hundert Jahre nach Vergil sorgten dessen eigene Landsleute dafür, daß die Briten aufhörten, von aller Welt getrennt zu sein. Im 1. Jahrhundert n. Chr. kam die große Invasion der römischen Legionen. Die beschränkten sich gewiß nicht darauf, Kastelle und Straßen zu bauen, sondern verfuhren auch nach Soldatenart mit den Frauen des Landes. Danach gab es nichts mehr ethnisch zu säubern. Sogar Asiaten und Afrikaner waren römische Statthalter in Großbritannien.

Im 5. Jahrhundert mußten die römischen Legionen zurückbeordert werden, weil es zu Hause brannte. Kaum waren sie weg, fielen die Jüten, Angeln und Sachsen über das Land her und gründeten im Südwesten sieben Staaten: Kent, Sussex, Essex, East Anglia, Wessex, Mercia, Northumbria.

Man darf sicher sein, daß nun germanisches Blut sich auf den britischen Inseln mit keltischem und römischem mischte. Danach kamen wieder die Dänen, die auch, wie früher schon, völlig korrekt als «Normannen» bezeichnet werden, was jedoch Verwirrung stiften muß. Denn die Normannen, die im Jahre 1066 zu jener Landung ansetzten, die das Gesicht der britischen Inseln völlig verwandeln sollte, unterschieden sich in einem gründlich: Sie sprachen französisch. Daraus ist zu schließen, daß es sich um Romanen eher als um Germanen handelte.

Gewiß, ganz Europa wurde im frühen Mittelalter durcheinandergewirbelt durch die Völkerwanderungen. Aber diese Völker, seien es Römer, seien es Vandalen, zogen doch einmal wieder ab. Bei den britischen Inseln war es anders. Es war so schwer gewesen, dorthin zu kommen; war man erst mal da, dann blieb man auch, nach Möglichkeit. So können wir uns die britische Bevölkerung vorstellen als eine Grundschicht gälisch sprechender Kelten; darüber eine Schicht skandinavisch sprechender Wikinger; dann als dicke Schicht die Römer, von denen nur wenige aus Rom kamen und die sich daher in einem Mischmasch europäischer Sprachen verständigten; darüber die Angelsachsen; darüber wieder Dänen; darüber im 11. Jahrhundert die französisch sprechenden Normannen. Nachdem die Völkerstämme einmal zu wandern angefangen hatten, kam es überall zu großen Mischkulturen.

Von anderen unterscheidet sich die britische dadurch, daß sie dann beinahe tausend Jahre lang ziemlich stabil blieb. Natürlich kamen immer einmal wieder Einwanderer oder Flüchtlinge: Franzosen, die ja hundert Jahre lang britische Staatsbürger waren; Protestanten, die vor ihren römisch-katholischen Obrigkeiten in England Zuflucht fanden; Deutsche, die im Gefolge ihres Herzogs aus Hannover eintrafen, nachdem dieser als Georg I. König von England geworden war. – Die Briten hatten Zeit genug, sich mit sich selber zu beschäftigen. Dabei stellte sich heraus, daß die Übereinanderschichtungen doch nicht ganz gleichmäßig ausgefallen waren.

Der feine Unterschied: Waliser, Schotten, Iren

Bisher wurde dort, wo die Unterscheidungen nicht so wichtig schienen, immer von «England» und den «Engländern» gesprochen, wie es ja bei den meisten Nicht-Briten üblich ist. Ich muß mich dafür bei den Walisern, den Schotten und vor allem den Iren entschuldigen. Sie legen, manchmal haarspalterisch, doch meist mit Recht, Wert darauf, nicht Engländer, sondern allenfalls Briten, am liebsten aber Schotten oder Iren genannt zu werden. (Der walisische Regionalismus ist am wenigsten weit gediehen.)

Mir steigt noch jetzt die Schamröte ins Gesicht, wenn ich mich daran erinnere, wie ich auf einer Party vorstellte: «Dies ist mein englischer Freund Ian.» Ian, ein gelassener Gentleman, wie er im Schulbuch steht, korrigierte heiter und höflich, aber nicht ganz ohne eine leise Schärfe: «Dein schottischer Freund, hoffe ich.»

In Schottland ist alles ein wenig anders: Die schottische Rechtsprechung ist mehr an die römische angelehnt, die schottische Kirche weniger. Der schottische Dialekt mit seinen hart aspirierten Konsonanten war schon vor fünfzig Jahren in London gesellschaftsfähig, als die Dialekte der englischen Grafschaften Yorkshire und Lancashire noch verpönt waren. Es gibt eine schottische Nationalpartei, die zuweilen einen Abgeordneten ins Parlament von Westminster bringt. Aber es gibt natürlich keine Grenze, der Autofahrer merkt nicht, ob er noch in England oder schon in Schottland ist. Praktisch gehören die beiden seit 1707 zusammen.

Noch weniger könnte und will Wales unabhängig werden von England. Auch dort gibt es freilich eine nationalistische Partei, «Plaid Cymru». Im übrigen jedoch beschränken sich die Waliser auf die Pflege ihrer alten Kultur in Sagen und Gesängen. Vor mehr als siebenhundert Jahren schon haben sie dem englischen König Eduard I. im Jahr 1284 das Versprechen abgerungen, daß der jeweilige Thronfolger «Prince of Wales» heißen soll. Und so heißt er ja tatsächlich noch heute.

Ein ganz anderes Kapitel ist Irland. Die Iren haben nie Engländer sein wollen und sind es ja auch nicht geworden. Die meisten von ihnen sind seit 1920 Bürger eines eigenen Irischen Freistaates. Nur die sechs Grafschaften in Ulster sind vom größeren südlichen und südwestlichen Teil der grünen Insel abgetrennt worden – und nicht sehr glücklich dabei geworden. Seit dem 12. August 1969 – als die jahrhundertealten Spannungen wieder mit Waffengewalt überwunden werden sollten – ist Ulster ein von der britischen Armee besetztes Land. Eine Lösung ist nicht in Sicht. In Irland wird scharf geschossen; aber die britische Regierung ist doch weit vom Schuß.

«Invasion» aus dem Britischen Empire

Sehr viel mehr Kopfzerbrechen als das Verhältnis zu Irland bereitet der Zustrom von britischen Staatsbürgern, mit denen man nicht gerechnet hatte. Der große Winston Churchill hatte das falsch gesehen. Am 10. November 1942 sagte er: «Lassen Sie mich jedoch eines klar machen für den Fall, daß es da irgendwo Mißverständnisse gibt. Wir haben vor, am Unseren festzuhalten. Ich bin nicht Erster Minister des Königs geworden, um den Vorsitz zu führen bei der Liquidierung des Britischen Empire.»

Zwar führte nicht Churchill den Vorsitz, aber aufgelöst wurde das British Empire schließlich doch. Der Prozeß dauerte viele Jahre. Man versuchte, ihn hinauszuzögern, indem man ein Commonwealth erfand und definierte als einen freiwilligen Zusammenschluß unabhängiger Staaten, deren Bevölkerung, wo sie es wollte, die britische Staatsangehörigkeit behielt. Das jedoch führte zur größten Invasion, die die britischen Inseln seit den Normannen erlebt haben. – Manche Bewohner ehemals britischer Staaten genossen die Abkoppelung von London. Andere jedoch spürten bald den Verlust britischer Verwaltung und Versorgung, und das waren natürlich die ärmsten. Wo die Engländer abzogen, zogen sie ihnen nach. Die britischen Einwanderungsbehörden aber hatten kein Recht, diesen britischen Staatsbürgern die Einreise zu verweigern.

Fortsetzung Seite 68

Hastings gehört zu den beliebtesten Seebädern an der englischen Südküste. Die große Pier wurde schon zu Zeiten von Queen Victoria angelegt.

Das berühmte Seebad Brighton gilt als die «Königin der Sommerfrischen». Die Palace Pier lädt ein zu einer unterhaltenden Promenade hinaus aufs Meer.

*Der beliebte Bade-
strand bei Ventnor
an der Südküste
der Isle of Wight.*

*An der Steilküste
der Isle of Wight.
Vom Hanover Point
bietet sich ein herr-
licher Blick auf die
tief unten anrol-
lende Brandung.*

In Bath: Die Abtei des berühmten südenglischen Kurortes wurde im 15. Jahrhundert auf den Resten einer normannischen Kathedrale erbaut.

«Königliche Reihenhäuser»: Die «Royal Crescent» in Bath, von John Wood dem Jüngeren Ende des 18. Jahrhunderts errichtet, ist ein bemerkenswertes Beispiel georgianischer Architektur. Hier wohnten die berühmten Maler Sir Thomas Lawrence und Thomas Gainsborough.

Eines der großartig-
sten Kirchenbau-
werke der englischen
Gotik: Die 1258
geweihte Kathedrale
von Salisbury. Ihre
erstaunliche stili-
sierte Einheitlichkeit
verdankt sie der für
eine Kathedrale
ungewöhnlich kur-
zen Bauzeit von
nur 38 Jahren.

Nächste Doppel-
seite: Dartmoor
Ponys auf der
Weide. Benannt
sind die robusten
Pferde nach dem
weiten Moor- und
Heideland der
Grafschaft Devon.

Eine besondere Touristenattraktion auf der Isle of Wight ist Carisbrooke Castle. Die Normannenburg ist Schauplatz spannender Bogenschießwettbewerbe in historischen Kostümen (links).

Standarten, Schwerter, blitzende Helme: An die kriegerische Vergangenheit der römischen Provinz Britannia wird auf Maiden Castle bei Dorchester erinnert (rechts und unten).

Die Legionen des Kaisers Claudius führten in Südengland ein straffes Regiment; unter seinen Nachfolgern war die Kolonie ein prosperierender Teil des römischen Weltreiches.

Der Hafen von Mevagissey an der Südküste Cornwalls. Einst ein kleines Fischernest, ist der Ort heute ein beliebtes Seebad, dessen verwinkelte Gassen den sommerlichen Touristenrummel kaum aufnehmen können.

Ein pittoreskes Fischerdorf war St Ives, als sich hier im 19. Jahrhundert eine Künstlerkolonie niederließ. Heute drängen sich am breiten Porthminster Beach Sonnenhungrige, Surfer und spielende Kinder.

Land's End, der berühmte Granitfelsen am Ende der Halbinsel Penwith, ist der westlichste Zipfel des britischen Festlandes: Von hier reicht die Sicht bis zu den Isles of Scilly.

Nächste Doppelseite: Der Nordteil Cornwalls ist eine Landschaft voller Mythen und Legenden. Hier, bei Tintagel, soll einst der Zauberer Merlin den künftigen König Artus aus den Meeresfluten geholt haben.

Am Leuchtturm von St Ives flattert der Union Jack in der Meeresbrise: Ein beliebter Hintergrund für einen Schnapp-schuß.

Im Jahr 1740 schrieb James Thomson für ein Maskenspiel das Lied «Rule, Britannia, rule the waves; Britons never will be slaves».

Dieser Wunsch entsprang für die Engländer, die keine Sklaven sein wollten, offenbar nicht kriegerischem Begehren. Vielmehr scheuten sie Invasionen, wollten notfalls auch das eigene Land verlassen können wie einst die Pilgerväter, und schließlich strebten sie nach Handel mit den Ländern jenseits des Wassers, um Whisky und Wolle exportieren, Wein und Gewürze importieren zu können. Daß es dabei dann doch auch zu Kriegen kam,

DER TRAUM VON DER WELTMEER-BEHERRSCHENDEN SEEMACHT

das Meer beherrschten zu dieser Zeit die Hanse und die Venezianer, danach die Spanier und die Niederländer. Der große Ausbau einer britischen Handels- und Kriegsflotte begann erst unter Cromwell im 17. Jahrhundert. Er war die Voraussetzung für den Aufbau des British Empire.

von Kolonien, daß sie sich ausgebeutet fühlen. Und wenn es manchen heute schlechter geht als unter britischer Herrschaft, so dürfen sie sich doch frei fühlen und die Verantwortung selber tragen. Seit dem Ende des Ersten Weltkrieges sind ungezählte, rührende Versuche unternommen worden, das Imperium neu zu definieren. Was für gedankliche und sprachliche Verrenkungen dafür notwendig wurden, zeigt am deutlichsten der wichtigste dieser Versuche, der Balfour-Report von 1926. Großbritannien und die Dominien sind danach «autonome Gemeinschaften innerhalb des British Empire, von glei-

«Der Tod von Lord Nelson in der Schlacht bei Trafalgar am 21. Oktober 1805», Gemälde von Benjamin West, um 1805, Liverpool, Walker Art Gallery.

lehrt die Geschichte der britischen Flotte. Als das Lied 1740 zum ersten Mal erklang, waren die Engländer noch weit davon entfernt, die Herren der Meere zu sein. Der erste englische Admiral, sozusagen, «keeper of the King's ships», wie er im 13. Jahrhundert hieß, gebot über ganze fünfzig Ruderboote, für die schon die Überfahrt nach Frankreich ein Risiko war. Wesentlich besser wurde das, als im 16. Jahrhundert große Segelboote mit bis zu vier Masten und fünfhundert Bruttoregistertonnen eingesetzt werden konnten. Aber

Die Vorherrschaft auf den Meeren wurde gegen die Holländer, gegen die Spanier und gegen die Franzosen erkämpft und auch planmäßig genutzt, um den ökonomischen Interessen in Übersee Geltung zu verschaffen. Die lagen vor allem in Indien, in Kanada, in Südafrika und in Neuseeland. Während des einen Jahrhunderts vom Wiener Kongreß (1815) bis zum Ersten Weltkrieg beherrschte Britannien wirklich die Wellen und das British Empire war eine Weltmacht. Der Niedergang hat viele Gründe. Es liegt im Charakter

chem Status, in keiner Weise in irgendeinem Aspekt ihrer außen- oder innenpolitischen Angelegenheiten einer dem anderen untergeordnet, aber vereint durch eine gemeinsame Loyalität gegenüber der Krone und aus freien Stücken assoziiert als Mitglieder des ‹British Commonwealth of Nations›». Es half alles nichts. Die Minister treffen noch hier und da zusammen. Auf die Krone ist auch kein rechter Verlaß mehr – zumal viele der ehemaligen Kolonien inzwischen Republiken geworden sind.   *Rudolf Walter Leonhardt*

Während der fünfziger und frühen sechziger Jahre gewann England auf diese Weise mehr als zwei Millionen neuer Bürger, auf die zunächst niemand vorbereitet war. Als erste kamen die Bewohner der Westindischen Inseln, dann die Asiaten und schließlich die Afrikaner. Dadurch sah sich England vor Probleme gestellt wie in unserem Jahrhundert kein anderer Staat.

Es ging dabei nicht so sehr um die Qualität, das Zusammenleben mit Menschen anderer Hautfarbe und anderer Glaubensbekenntnisse. Daran war das Volk der Seefahrer und Handelsreisenden gewöhnt, aus dem viele sich in Karachi oder Nairobi eher zu Hause gefühlt hatten als in Wien oder Berlin. Und schließlich hatte eine Stadt wie London schon 1770 zehntausend Neger beherbergt, entlaufene oder freigelassene Sklaven.

Das wirkliche Problem war die Quantität: Wie sollte das Land innerhalb eines Jahrzehnts zwei Millionen Fremde, doch nur der formalen Staatsangehörigkeit nach «Briten», unterbringen und versorgen, von integrieren nicht zu reden?

Zunächst wohl notwendig, aber doch etwas kurios zu beobachten, daß die gleichen Leute, die gern Engländer, Schotten, Waliser und Iren unterschieden wissen wollten, die Neuankömmlinge einteilten in Paki(stani)s und Jamaikaner. Die Pakis galten als «pflegeleichter», die Jamaicans als aufsässiger und gefährlicher. Diese irreführende Etikettierung

Blick zur Themse im Londoner Stadtteil Westminster: Bevor der Fluß ab Mitte des 19. Jahrhunderts befestigt wurde, waren die Ufer großenteils sumpfig (Foto von 1856).

Oben: Hotel «Charing Cross» in London, erbaut 1863, auf einem Foto aus den dreißiger Jahren (siehe auch Seite 123).

Oben: Hotel «Charing Cross» in London, erbaut 1863, auf einem Foto aus den dreißiger Jahren (siehe auch Seite 123).

Unten links: Im Londoner Stadtteil Lambeth, Foto von 1866.

Unten rechts: Im Londoner Stadtteil Southwark, Foto um 1870.

korrigiert sich mit der Zeit von selber. Schließlich ist es nicht allzu schwer zu begreifen, daß man Hindus nicht mit Moslems gleichsetzen kann und daß Kenia ziemlich weit entfernt ist von Jamaika.

Schwerer zu korrigieren sein wird die Ghetto-Bildung, die stattgefunden hat, ohne daß dies jemand wirklich gewollt hatte. Wo, vor allem in den ärmeren Stadtteilen, eine Neger-Familie einzog, zog eine Weiße aus: in Notting Hill und Brixton (London) wie in Handsworth (Birmingham) oder in Toxteth (Liverpool). Nicht zufällig kam es gerade an diesen Orten zu Tumulten. Dabei gab es auch Tote.

Aber während, meiner Ansicht nach, der englisch-irische Konflikt auf törichte Weise verharmlost wird, wurden diese Kleinstrebellionen übertrieben. Schuld daran haben die Medien, die Sensationspresse wie vor allem das Fernsehen. Ich habe es zweimal selber miterlebt (in Brixton und in Toxteth), daß ein verhältnismäßig harmloses Geschimpfe und Geplänkel in dramatische Schlägereien erst überging, sobald eine Fernsehkamera installiert war. So ist es nun mal. Die große Welt, wie sie die meisten von uns erleben, ist die irreale Welt des Fernsehens. In Wirklichkeit haben es die Engländer geschafft, neben den Amerikanern das erste multikulturelle Staatsgebilde des 20. Jahrhunderts zu organisieren. Es ist noch längst nicht alles, wie es sein sollte – wo wäre es das schon? Es bleibt

Dichter, Denker, Abenteurer der englischen Geschichte.

Links oben: Der Staatsmann und Humanist Thomas More (1478–1535) und die Schriftstellerin Virginia Woolf (1882–1941).

Links Mitte: Die Schriftstellerin Charlotte Brontë (1816–1855) und William Shakespeare (1564–1616).

Links unten: Der Entdecker James Cook (1728–1779).

Rechts oben: Der Schriftsteller und schwärmerische Reisende Lord Byron (1788–1824).

Rechts unten: Der Schriftsteller Charles Dickens (1812 bis 1870).

noch viel zu tun – wo nicht? Aber es läuft von Jahr zu Jahr besser. Wie das beweisen? Ich halte von persönlichen Erlebnissen der Welterfahrenen mehr als von Statistiken. Sie sagen übereinstimmend: Ich ginge nachts lieber durch Brixton (London) als durch Harlem (New York) oder durch Marzahn (Berlin). Am liebsten würde ich wohl auf jeden der drei Spaziergänge verzichten und im Westend bleiben.

Wenn die ersten Schwierigkeiten, das Mißtrauen und die Abneigung überwunden sind, stellt überall die Frage sich ein: Sollen die Einwanderer nun integriert werden oder sollten sie eigene Gruppen bilden und möglichst unter sich bleiben? Als ob es nur diese Alternative gäbe. Auch hier kann die Welt von den Engländern lernen, nämlich wieder einmal die Kunst, Kompromisse zu schließen.

Leben wir nicht alle, mehr oder minder, in Gruppen, die sich gründen auf Familienbande, auf Berufsgemeinschaften, auf Neigungen und Liebhabereien, auf Regionen, und fühlen wir uns nicht dennoch integriert in den Staat, dem wir Steuern zahlen?

Weltsprache Englisch

Da sind Unterschiede zu überbrücken. Mit gutem Willen geht das. Aber da im täglichen Leben der Normalverdiener sich keinen Dolmetscherstab leisten kann, wie die UNO und die EG es können, geht alles nur mit Hilfe einer gemeinsamen Sprache. Zu den wichtigsten Verdiensten der Engländer gehört es, uns diese gemeinsame Sprache geschenkt zu haben. Geschenkt? Von sich aus haben sie das nicht getan.

Warum auch gerade Englisch? Die Kirchen und die Universitäten hatten eine kosmopolitische Welt schaffen können, solange jeder Latein beherrschte. Der Geist des Nationalismus hat diesen Universalismus, an dem allerdings ohnehin nur die Gebildeten teilhatten, zerstört. Im 19. Jahrhundert sprachen die Diplomaten französisch. Schade, auch diese elegante Sprache ist mittlerweile aus der Mode gekommen. Sehr vernünftige Eiferer werden nicht müde, uns alle auf die Kunstsprache Esperanto festlegen zu wollen. Aber ohne den Druck einer Notlage lernen faule Menschen nun einmal nichts Neues, solange sie davon keinen absehbaren Vorteil haben.

Die Notlage entstand dadurch, daß immer mehr Schiffe auf den Weltmeeren herumfuhren. Sie mußten sich durch SOS verständigen können: Save our souls. Das klang auch im Morsealphabet sehr eindringlich: tütt, tütt, tütt – tah, tah, tah – tütt, tütt, tütt! Der Flugverkehr, noch mehr auf akustische Navigationshilfen angewiesen, übernahm das Marine-Englisch. Und nachdem die englischen Kolonien in Nordamerika zum mächtigsten Staat der Welt herangewachsen waren, gab es keine Zweifel mehr: Wer der Welt etwas zu sagen hat, muß es auf englisch sagen. Kein Forscher, dem an internationaler Geltung gelegen ist, kann es sich heute leisten, nicht auf englisch zu publizieren.

Das war nicht so bestimmt, das ist so geworden. 1578 konnte ein John Florio noch schreiben: «Englisch ist eine gute Sprache in England, aber jenseits von Dover ist sie zu nichts mehr nütze. Diese Sprache ist aus vielen anderen Sprachen zusammengebastelt so, daß wenn jede benutzte Sprache ihre Wörter zurückforderte, für Engländer nur noch wenige übrigblieben.»

Es stimmt schon, daß jede Schicht der britischen Bevölkerung, von den Kelten bis zu den (inzwischen nicht mehr so britischen) Amerikanern, die Römer also und die Angelsachsen und vor allem die Franzosen, beigetragen hat zum englischen Wortschatz. Da jedoch kein Wort von den anderen «zurückgefordert» worden ist, wurde Englisch die reichste Sprache der Welt. Philologen haben errechnet, daß Racine für seine französischen Dramen mit 3000 Wörtern auskommen mußte, während seinem Kollegen Shakespeare 29 000 zur Verfügung standen.

Für beinahe jeden Begriff stehen in der englischen Sprache zwei Wörter zur Verfügung; das Volk und die Aristokratie verwenden die Wörter germanischen, die Mittelklasse diejenigen romanischen Ursprungs: *mad – mental* (verrückt), *rich – wealthy* (reich), *false teeth – dentures* (Gebiß), *entry – admittance* (Eintritt), *and so on – etcetera*.

So könnte man sich den Schauplatz für einen richtig schön unheimlichen Mord in einem englischen Krimi vorstellen: Die Liverpool Street Station auf einem Foto von 1930.

DIE KLASSISCHE ENGLISCHE DETEKTIVGESCHICHTE

Mehr als die Hälfte aller lesenswerten Kriminalromane sind auf englisch geschrieben. Wobei wir einige Amerikaner gelassen mit einbeziehen; denn Ellery Queen, zum Beispiel, war ja nicht ein Engländer, sondern zwei Amerikaner (namens Dannay und Lee). Es gibt dennoch einen Krimi typisch englischer Provenienz, den wir besser, wie es ja auch die Engländer selber tun, Detektivgeschichte nennen sollten; besser noch, da es ja inzwischen vor allem durch das Fernsehen Geschichten mit Detektiven serienweise gibt: die klassische englische Detektivgeschichte. Die hat ihre Regeln:

1. Nicht auf das Verbrechen kommt es an und nicht auf den Verbrecher, etwa dessen psychische Befindlichkeit, sondern darauf, den Mörder zu entdecken und ihm seine Schuld nachzuweisen.

2. Zum Kreis der Tatverdächtigen sollten drei bis acht Personen gehören.

eignet sich oder ein Schiff oder sogar der Orient-Express, solange unter den Passagieren nur genug Engländer sind.

Zu 3. In den schönsten englischen Geschichten gehört auch der Detektiv der gleichen Gesellschaft an. Das Land der Amateure ist auch das Land der Gentleman-Detektive. Jeder, der diese Art von englischer Detektivgeschichte zu schätzen weiß, würde an erster Stelle wohl Dorothy Sayers' Lord Peter Wimsey nennen, obwohl er einen Regelverstoß begeht: Seine Liebe und Ehe haben eigentlich mit dem Kriminalfall nichts zu tun, aber ohne sie wäre die Geschichte nur halb so schön.

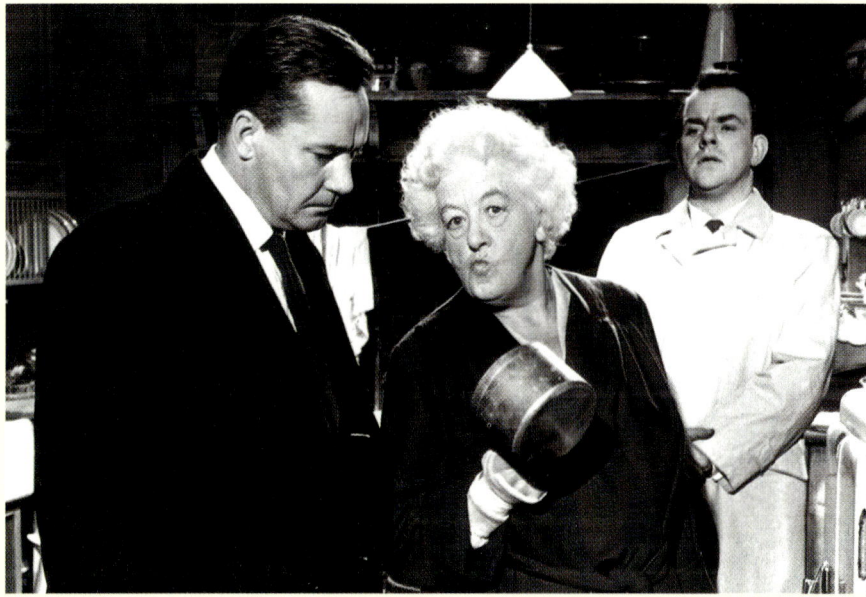

Oben: «Frenzy» von Alfred Hitchcock (im Bild); links: Miss Marple (M. Rutherford) in «Vier Frauen und ein Mord»; rechts: Sherlock Holmes (R. Cushing, rechts) in «Der Hund von Baskerville».

3. Der Mörder sollte der gleichen sozialen Schicht angehören wie das Opfer; Unterprivilegierte oder Minoritäten sind tabu.

4. Leser und Detektiv sollten immer so ungefähr auf dem gleichen Stand der Erkenntnisse sein.

5. Die Fakten müssen stimmen; falsche Fährten zu legen, ist jedoch nicht nur erlaubt, sondern geboten.

6. Das Motiv des Mörders muß verständlich, wohl gar nachzuempfinden sein.

Die hier aufgeführten Regeln sind das eigentlich Englische an der englischen Detektivgeschichte.

Zu 1. Die ganze Geschichte ist zunächst und vor allem ein Spiel, im Grunde harmlos – auch wenn es dabei um mehrere

Morde gehen sollte. Es huldigt der gleichen Leidenschaft wie das Lösen von Kreuzworträtseln, das auch eine englische Spezialität ist.

Zu 2. Der kleine Kreis von einander Bekannten verlangt nach einem gut gewählten Ort. Solche Orte sind zum Beispiel: ein englisches Dorf mit seinen innigen Nachbarschaften; ein Landhaus, das, wie es in einem Titel von Agatha Christie heißt, «crooked» ist, also mehrere Stockwerke hat und Treppen und Korridore und Giebel und Anbauten; ein altes University College, das sich immer mehr anbietet, je mehr Krimi-Autoren und vor allem -Autorinnen im Nebenberuf Universitätsprofessoren sind; auch eine Insel

Zu 4. Der Autor freilich sollte schon wissen, wie seine Story zu Ende geht. Darin vor allem unterscheidet sich die sauber konstruierte englische Detektivgeschichte von denen ihres größten kontinentaleuropäischen Konkurrenten: Georges Simenon wußte noch beim Schreiben oft selber nicht, wie die Sache ausgehen wird.

Zu 5. «Falsche Fährte» ist eine glückliche Übersetzung für das englische «red herring». Solche «roten», also geräucherten Heringe wurden bei der Jagd auf die Spuren des Fuchses gelegt, damit die Pferde ihre Witterung verloren. Wenn sonst alle Fakten stimmen, gäbe es ja nicht genug zu raten. Darum ist es auch gut, wenn viele Beobachtungen ein wenig getrübt werden, also entweder in der Nacht stattfinden oder bei englischem Nebel.

Zu 6. Als Motive kehren immer wieder: Geld, Eifersucht, Rache, Abwehr von Erpressungen. Ein guter Krimi-Autor läßt sich was Neues einfallen. Je weniger hassenswert es den Mörder macht, desto besser. Ideal wäre, wenn der Leser am Ende das Gefühl hätte, das vielen Engländern zugeschrieben wird, die einen Sträfling zur Hinrichtung haben gehen sehen: «There, but for the grace of God, goes I.»

Rudolf Walter Leonhardt

Trotz eines schier unerschöpflichen Reichtums an Ausdrucksmöglichkeiten gilt Englisch, zum Beispiel bei Schülern, als «leicht». Das beruht auf einem leichten Mißverständnis – das man «a light misunderstanding» nennen könnte, aber «a slight misunderstanding» nennen sollte. Das Englisch, wie es sich die Kapitäne, sei es zur See, sei es der Luft, zurechtgemacht haben, in dem sich ein französischer und ein deutscher Politiker verständigen, in dem ein Japaner und ein Italiener ihre Geschäfte tätigen, bei dem gibt es in der Tat nur ein paar Schwierigkeiten mit der Aussprache. Auf Flexionsendungen, die eine Sprache wie Russisch so schwer machen, läßt sich verzichten; die Engländer verzichten ja meistens auch darauf. Und wenn ein Racine mit 3000 Wörtern Französisch auskam, werden wir wohl für das Nötigste mit 1000 Wörtern Englisch auskommen.

Freilich hat dieses «Pidgin English» mit der Sprache Shakespeares nicht mehr viel zu tun. Nicht in diesem Gebrauchsenglisch, das in der Tat leicht zu lernen ist, wurden die ersten großen Romane der Weltliteratur geschrieben, Daniel Defoes «Robinson Crusoe», Samuel Richardsons «Pamela», Henry Fieldings «Tom Jones», Laurence Sternes «Tristram Shandy». Nicht dieses Englisch gewann in den Gedichten eines Byron, eines Shelley, eines Keats der englischen Lyrik den Ruhm, an melodischer Poesie nicht ihresgleichen zu finden. Nur auf dieses Englisch trifft zu, was O. W. Holmes 1859 schrieb: «Jede Sprache ist ein Tempel, in dem die Seele derjenigen, die sie sprechen, aufbewahrt ist.»

Dieses Englisch ist schwer, sehr schwer. Es gibt viele Nicht-Engländer, die lange studiert haben und dennoch die Romane eines John le Carré lieber in Übersetzungen lesen; von James Joyce nicht zu reden.

Es wird manchmal gesagt, die Engländer hätten es gut. Sie brauchten fremde Sprachen nicht zu lernen, da ja alle Welt ihre Sprache spricht. Ein solches Glücksgefühl dürfte sich in Grenzen halten, wo Ungläubige und Ignoranten aus dem Tempel der Seele ein Warenhaus zur Selbstbedienung machen. Und so haben die Engländer auch dadurch die Welt verändert, indem sie, ungefragt, ihre Sprache hergaben als Grundlage für eine Allerweltssprache, die man denn auch «Basic English» nennt. Es ist die einzige Sprache, in der man mit Computern reden kann.

Unsere Welt sähe nicht nur anders aus ohne Basic English, sie klänge auch anders. Was um so bemerkenswerter ist, als England ja nur einen Komponisten hervorgebracht hat, den nicht-englische Laien kennen – und der war ein Deutscher: Frederick Handel alias Georg Friedrich Händel (1685–1759).

Das änderte sich freilich mit dem neuen Ausbruch der Volksmusik, die vor allem in Wales und Irland schon immer die Gemüter bewegt hatte. Einflüsse aus Amerika kamen dazu, und so wurde aus der Volksmusik eine englische (auch amerikanische) Variante: «pop(ular) music». Zwei englische Gruppen waren es vor allem, die diese Musik zusammen mit ihrer Sprache in alle Welt trugen und, das ist das eigentlich Wichtige, auch vielen Freunden klassischer Musik nahebrachten: die Beatles und die Rolling Stones, heute selber schon beinahe «Klassiker».

Ist es überhaupt möglich, habe ich mich beim Komponieren dieses Essays oft gefragt, die Andersartigkeit Englands zu beschreiben, und zwar so zu beschreiben, daß ganz klar wird: unsere Welt sähe anders aus ohne England? Ein wenig anders? Ziemlich anders!

Ich habe bisher ganz auf eine Beschreibung der englischen Landschaft verzichtet. Schon allein deswegen, weil ihre Andersartigkeit sich in Bildern sehr viel eindrucksvoller darstellen läßt als in Worten.

Ich möchte das Versäumte zum Schluß dieses Versuches zusammenfassen zu einem Bild, das sich so nicht fotografieren läßt. Setzen Sie mich irgendwo mit verbundenen Augen in ein Flugzeug. Dort sollte ich, damit es nicht zu leicht wird, auch ruhig ein paar Stunden schlafen. Werfen Sie mich raus, wo immer Sie wollen (mit Fallschirm, bitte), und zwanzig Sekunden, nachdem ich von der Sturzphase in die Gleitphase übergegangen bin, will ich Ihnen, auch wenn Sie mich nicht freundlicherweise über Windsor Castle abgesetzt haben, sagen können: Wir sind in England (oder eben auch nicht, wenn ich tückischerweise über Neuseeland oder über Südkanada abgesetzt worden bin)! Die Wette gilt.

Eine stillgelegte Förderanlage im Rhondda Valley. In Hunderten von Zechen wurde früher in Südwales Steinkohle gewonnen, heute sind im «walisischen Ruhrgebiet» nur noch zwei in Betrieb.

Links: Prüfende Blicke beim Rindermarkt in Carmarthen. Der Süden von Wales ist führend in der milch- und fleischverarbeiten-den Industrie des Landes.

Rechts: In der Melin Tregwynt Woolen Mill in Abermarw. Die Schafzucht im Hochland von Wales ist ein bedeu-tender Wirtschafts-zweig; in rund achtzig Webereien und Spinnereien wird die Wolle verarbeitet.

Englisches Tuch von Qualität muß es schon sein! Beim Einkauf auf dem Markt von Carmarthen.

Ein Veteran – frisch poliert und startklar. Die Llanberis Lake Railway im Snowdonia National Park ist eine jener «great little trains of Wales», die das Herz eines jeden Eisenbahnfans höher schlagen lassen.

Nächste Doppelseite: Eine typische Siedlung walisischer Bergarbeiter im Rhondda Valley.

Einkaufspassagen, luftige Konstruktionen aus Eisen und Glas, gibt es in allen größeren Städten Englands. Im Bild eine Geschäftszeile im eleganten Einkaufsviertel von Cardiff, der Hauptstadt von Wales.

Ein origineller Stopp auf der Fahrt durch Wales: Die Poststation mit Bed and Breakfast in Croesgoch.

Ein bißchen spleenig: Mit dem Cabrio zum Pub nebenan, fotografiert in der alten Universitätsstadt Aberysthwyth, Wales.

Das grandiose
Gebirgspanorama
des Mount
Snowdon.
Die «walisische
Schweiz» ist ein
beliebtes Berg-
wandergebiet.

Einen herrlichen
Blick über den
Snowdonia Natio-
nal Park genießt
man bei einer Fahrt
mit der Snowdon
Mountain Railway,
die bis zum Gipfel
des höchsten Berges
von Wales fährt.

Am äußersten
Rand der walisi-
schen Halbinsel
Pembroke: Die herr-
liche St Brides Bay
bei Newgale (oben);
Blick von der
baumlosen Felsnase
St David's Head
hinüber nach Ram-
sey Island (unten).

In keinem anderen Teil Europas gibt es mehr normannische Kastelle als in Wales. Im Bild Llawhaden Castle.

Ein lohnenswerter
Ausflug von Mon-
mouth in Südwales
führt durch das
anmutige Tal des
Wye zu der Ruine
der 1131 gegründe-
ten Zisterzienser-
abtei von Tintern.

Nächste Doppel-
seite: Die vorge-
schichtliche Grab-
stätte Pentre Ifan
Cromlech bei New-
port, der größte
Dolmen in Wales.

Caernarvon Castle
erinnert an die
Wehrhaftigkeit
der Waliser.
Im prächtigen mit-
telalterlichen Schloß
wurde der britische
Thronfolger Charles
1969 in einer
Staatszeremonie
als Prince of Wales
proklamiert.

Reiseführer durch England und Wales

Klaus Viedebantt

Ein «Edelstein, gefaßt in silberner See»

So nannte William Shakespeare sein Heimatland. Nobler kann man eine Insel kaum schildern. Es ist die größte eines Archipels, der den Namen *United Kingdom of Great Britain and Northern Ireland* trägt (den überwiegenden Teil der zweitgrößten, der irischen Insel nimmt die unabhängige Republik Irland ein). Die 228 372 Quadratkilometer große Hauptinsel Großbritannien ist aus den Gebieten England, Wales und Schottland zusammengesetzt. Schottland nimmt den nördlichen Teil der Insel ein, Wales einen Teil des Westens, England den Rest des Westens, den Süden und den Osten.

England ist 130 439 Quadratkilometer groß, Wales 20 766. England grenzt im Osten an die Nordsee und im Süden an den Ärmelkanal. Die Westspitze Englands, die Halbinsel Cornwall, ragt in den Atlantik; im Westen grenzen England und Wales an die Irische See. Zu England zählen einige Inseln, unter anderem im Süden die Isle of Wight und im Südwesten die Isles of Scilly. Englands Südküste liegt etwa auf der Höhe von Mainz, die Grenze zu Schottland etwa auf der Höhe von Flensburg. Von Nord nach Süd mißt England rund 500 Kilometer, von Ost nach West sind es 330 Kilometer.

Das Vereinigte Königreich hat knapp 58 Millionen Bewohner. In England lebt die weitaus größte Zahl aller Untertanen Ihrer Majestät, rund 48 Millionen Menschen. Allein der Großraum London bringt es auf annähernd sieben Millionen Bewohner. Wales hat knapp drei Millionen Bewohner. Die größten walisischen Städte sind Cardiff und Swansea.

Typisch englisch: Sanfte Hügel, romantische Flußläufe

England ist größtenteils von hügeligen Regionen und von wenigen Ebenen geprägt. Nur in Cornwall und im Norden, wo sich der Penninische Bergkamm wie ein Insel-Rückgrat nach Schottland hineinzieht, ist die Landschaft gebirgig. Wales ist durchgängig bergig, der Mount Snowdon ist mit 1085 Meter Höhe der Gipfel von Wales. Englands höchste Erhebung, der Scafell Pike, wurde mit 979 Metern vermessen. Aber typischer als die Berge ist für England die grüne, waldreiche Weidelandschaft, durch die sich dank des meist geringen Gefälles Flüsse mit niedriger Strömungsgeschwindigkeit winden. Der längste Fluß, die Themse, entspringt in nur 113 Meter Höhe in den Cotswold Hills und fließt nach 336 Kilometern bei Southend in die Nordsee. Die anderen größeren Flüsse, Severn, Humber, Mersey, Dee, Trent oder Derwent, sind deutlich kürzer als die Themse. Viele sind aber dank ihrer Tiefe schiffbar, zumindest bei Flut, die sich im Unterlauf der meisten Flüsse bemerkbar macht. So können

Hochseeschiffe bei Flut auf der Themse bis London fahren. Neben den Flüssen gibt es auch Hunderte von Kanälen, die im 18. Jahrhundert mit der Industrialisierung entstanden. Viele von ihnen wurden allerdings später von Eisenbahngesellschaften gekauft und zugeschüttet, um die Transportkonkurrenz zu verringern. Aber es existiert immer noch ein weit verflochtenes Kanalnetz, das heute überwiegend von Freizeitkapitänen genutzt wird. Mit größeren Seen ist England indes weniger reich bedacht, sie konzentrieren sich vornehmlich auf Wales, wo der sechs Kilometer lange Bala Lake der

der Südküste überleben sogar die aus südlicheren Gefilden eingeführten Palmen und andere Pflanzen, die man eher im Bereich des Mittelmeerraums vermuten würde.

Die relativ milden Winter und der Golfstrom, dessen Ausläufer vor allem Cornwall umspülen, ermöglichen das Wachstum für Mitteleuropa eher exotischer Pflanzen. Im Süden Englands und auf der Isle of Wight gedeihen sogar Trauben, aus denen England seinen Wein keltert. Den Weinbau haben einst die römischen Besatzer mitgebracht, zu einer Zeit, da das Inselklima offenkundig deutlich wärmer war.

Das Leben auf etwas exzentrische Art genießen: Eine Picknick-Gesellschaft um die Jahrhundertwende.

größte seiner Art ist, und auf den Lake District im Nordwesten Englands. Der Distrikt der 16 Seen, den der romantische Dichter William Wordsworth berühmt gemacht hat, ist eine der schönsten Landschaften Englands und zu recht als Nationalpark geschützt. Hier liegt auch Englands größter See, der gut 17 Kilometer lange Lake Windermere.

Tier- und Pflanzenwelt

Einst haben, wenn man den Jagdberichten früherer Zeiten glauben darf, Bären und Wölfe die englischen und walisischen Wälder unsicher gemacht. Sie sind aber längst ausgestorben, das größte Raubtier der Insel ist heute – abgesehen vom Löwen im Wappen – der Fuchs. Ansonsten entspricht die Tierwelt weitgehend der des westeuropäischen Kontinents. Dasselbe gilt entsprechend auch für die Pflanzenwelt. In Wales und im Westen Englands gedeihen vor allem jene Pflanzen, die sich in regenreichen Regionen wohlfühlen. An

Die englische Gesellschaft

In England und Wales, die gemeinsam eine Küstenlänge von rund 3450 Kilometern vorweisen können, spürt man überall die See. Kein Ort ist mehr als 120 Kilometer vom Ozean entfernt. Diese räumliche Nähe zum Meer hat die Menschen auf der Insel stets geprägt, in den Fakten (beispielsweise das wechselhafte, feuchtmilde Wetter) wie in den Vorstellungen («Britannia rules the waves»). Die Seefahrt und der Seehandel waren einst die einzigen Wege, die Standeshürden in dem außerordentlich aristokratischen Staat zu überwinden. Der aus einfachen Verhältnissen stammende James Cook ist nur eines von vielen Beispielen. England war zwar der Vorreiter der industriellen Revolution, aber eine soziale Revolution ging damit nicht einher. Im Gegenteil, neben den reichen Kapitalisten entstand im «Manchester-Kapitalismus» ein ausgebeutetes Industrieproletariat. Dadurch wurde die Klassentrennung weiter verschärft. Diese Trennung ist heute in England noch stärker spürbar als in allen anderen westeuropäischen

Sie gestalteten Englands Politik im 20. Jahrhundert: Königin Elisabeth II., Regentin seit 1952 (oben). Sir Winston Churchill (1874–1965), Englands Premierminister 1940 bis 1945 und 1951 bis 1955 (Mitte). Margaret Thatcher, Premierministerin von 1979 bis 1990 (unten).

Ländern. Deutlich wird das auch in der Sprache, im bewußt auch zur Abgrenzung benutzten Oxford-Englisch der Oberklasse ebenso wie im Cockney-Slang der Unterklasse (*siehe auch Seite 71*). Eine andere, eine die nationale Identität betonende Funktion erfüllt hingegen die keltisch-walisische Sprache, mit deren Gebrauch in Wales die kulturelle Eigenständigkeit dieses Landesteils unterstrichen werden soll.

Die hohe Immigrationsquote stellt ein akutes Problem für die englische Gesellschaftsordnung dar. Nach dem Zerfall seines riesigen Kolonialreiches hat Großbritannien mit dem kaum zu steuernden Zuzug von Einwanderern aus den Ländern des Commonwealth zu kämpfen. Menschen aus der Karibik und aus Neuseeland, aus Afrika, Zypern und Hongkong, aus Pakistan, Indien und Australien suchen eine neue Existenz im alten Mutterland.

Spiegel der Landesgeschichte: Politik und Verwaltung

Das United Kingdom (UK) ist eine konstitutionelle Erb-Monarchie, in der der Krone vornehmlich repräsentative Aufgaben zukommen. Die Königin muß allerdings allen Gesetzen zustimmen. Das Parlament hat zwei Kammern, das Unterhaus (House of Commons) und das Oberhaus (House of Lords). Letzterem gehören rund 1000 Mitglieder an, überwiegend Vertreter des Hochadels, die qua Titel Parlamentarier sind. Ihr politischer Einfluß ist beschränkt, die eigentliche Gesetzgebung geschieht im Unterhaus, dessen 651 Abgeordnete unmittelbar aus ihren Wahlkreisen entsandt werden. England hat 524 Wahlkreise, Wales 38, Schottland 72 und Nordirland 17. Theoretisch soll in allen Wahlkreisen etwa dieselbe Zahl von Wählern leben, de facto gibt es aber große Unterschiede. Eine Listenwahl wie in Deutschland kennt England nicht. Die beiden großen Parteien sind die Konservativen, auch «Tories» genannt, und «Labour». Wegen des Mehrheitswahlrechts spielen kleinere Parteien wie etwa die «Liberal Democrats» in der Regel nur Nebenrollen. Die an der Wahlurne erfolgreichste Partei stellt die Regierung. Ihr Prime Minister bestimmt die 40 bis 60 Fachminister, aus deren Kreis er sein Kabinett als innere Regierungsmannschaft («Cabinet») zusammenstellt. Der Regierungssitz ist London, Downing Street 10.

Das Vereinigte Königreich hat seinen großen demokratischen Traditionen zum Trotz keine geschriebene Verfassung. Seine Verfassungsgrundlagen gehen auf die «Magna Charta» zurück, die 1215 dem König von der Ritterschaft abgetrotzt wurde. Weitere wichtige historische Festschreibungen waren die «Petition of Rights» von 1628, die «Habeas-Corpus-Akte» von 1679 und die «Bill of Rights» von 1689. Diese und andere Dokumente definierten hauptsächlich die Rechte der Individuen gegenüber dem Staat und umgekehrt. Das Königreich hat somit eine «lebende», in der Rechtssprechung und der Gesetzgebung ständig fortgeschriebene Verfassung. Angesichts dessen kommt der Rechtsprechung eine besondere Bedeutung zu. Die Rechtssysteme sind in den vier Ländern des Königreiches unterschiedlich, allerdings ist das Oberhaus in allen Zivilsachen die gemeinsame Oberinstanz.

DATEN ZUR ENGLISCH-WALISISCHEN GESCHICHTE

Etwa 10 000 v. Chr. Ende der Eiszeit. Mit dem Ärmelkanal entstehen die britischen Inseln, die zuvor ein Teil des europäischen Festlandes waren.

Etwa 3000–1500 v. Chr. Die Steinanlage von Stonehenge entsteht in mehreren Bauabschnitten.

5. Jh. v. Chr. Die Kelten wandern ein und verdrängen die Urbevölkerung.

55 v. Chr. Julius Cäsar landet erstmals in England, muß seine Truppen aber wieder zurückziehen. Im Jahr darauf dringen seine Heere tief ins Innere «Albions» vor, müssen aber die Insel wieder verlassen.

43 n. Chr. Roms Truppen erobern Südengland, Kaiser Claudius läßt *Londinium*, das heutige London, gründen. Die Kelten ziehen sich nach Wales zurück.

410 Die römischen Truppen verlassen die Insel, da sie an anderen Grenzen zur Verteidigung des Reiches benötigt werden.

Etwa 420 Die keltischen und britischen Stämme werden von den Skotten und anderen nordischen Stämmen zunehmend bedroht. Die Angeln und Sachsen kommen ihnen vom Festland zu Hilfe. Mit den sich herausbildenden Angelsachsen, den neuen Herren des Landes, verbreitet sich das Christentum auf der Insel.

597 Der Grundstein zur Kathedrale von Canterbury wird gelegt.

Um 790 Erste Raubzüge der Wikinger.

827 König Egbert von Wessex wird zum Begründer der angelsächsischen Herrscherdynastie. Er regiert bis 839.

1016 Der dänische König Knut der Große erobert die Insel und gliedert sie in sein skandinavisches Reich ein. Die dänische Herrschaft dauert bis 1042, dann können die Angelsachsen die Eindringlinge vertreiben.

1066 Wilhelm der Eroberer fällt mit seinen Normannen ein und besiegt in der Schlacht von Hastings den letzten angelsächsischen König Harald II. Nach sieben Jahren erringen die Normannen die Herrschaft im ganzen britischen Reich.

1154 Mit Heinrich II. nimmt der erste König aus dem Haus Anjou-Plantagenet auf dem Thron Platz.

1189 König Richard I. («Richard Löwenherz») bricht zum Kreuzzug auf. Nach einer falschen Todesnachricht greift Richards Bruder «Johann ohne Land» nach der Krone. Johann muß bei Richards Rückkehr abtreten, wird aber nach dessen Tod 1199 britischer Herrscher.

1215 Weil Johann das Reich dem Papst übergibt, erhebt sich der Adel und erzwingt die «Magna Charta», die die Rechte des einzelnen gegenüber der Krone sichert und Grundstein aller Verfassungen wurde.

1400 Mit Heinrich IV. besteigt der erste Herrscher des Hauses Lancaster den Thron.

1455 Der Herzog von York erhebt Anspruch auf den Thron, damit beginnen die sich über dreißig Jahre hinziehenden «Rosenkriege», benannt nach den Symbolen der Häuser York und Lancaster.

1461 Für einige Jahre übernimmt York die Herrschaft. Es muß sich bereits 1485 Heinrich VII. beugen, dem ersten König aus dem Haus Tudor.

1509 Heinrich VIII. tritt seine Herrschaft an. Der König, von dessen sechs Frauen zwei unter dem Fallbeil sterben, sagt sich und sein Land vom Katholizismus los. Er läßt sich zum Oberhaupt der «Church of England» ausrufen, eine Position, die seither alle britischen Herrscher innehaben.

1536 Wales, das in Aufständen immer wieder seine Freiheit zu erlangen sucht, wird fest im britischen Reich verankert.

1558 Elisabeth I. tritt ihre bis 1603 währende Herrschaft an. 1587 läßt sie ihre schottische Rivalin Maria Stuart hinrichten. Unter der Königin wird England zur Weltmacht: 1588 wird in einer Seeschlacht die spanische Armada vernichtet.

1603 Mit Jakob I. übernimmt das Haus Stuart die Krone.

1605 Guy Fawkes versucht, das Parlament in die Luft zu sprengen. Aus dem vereitelten Staatsstreich entstand die alljährliche «Guy Fawkes Night».

1649 Oliver Cromwell reißt die Macht an sich, läßt König Karl I. hinrichten, das Parlament auflösen und ruft schließlich die Republik aus.

Links oben: König Richard III. (1452 bis 1485), Gemälde aus dem 16. Jahrhundert.

Links unten: «Harold wird vor Wilhelm den Eroberer gebracht», Gemälde von Ford Madox Brown (1821 bis 1893), Manchester City Art Galleries. Mitte: «Chelsea-Veteranen lesen einen Bericht über die Schlacht von Waterloo», Gemälde von David Wilkie, 1822, Victoria & Albert Museum, London. Rechts: Heinrich VIII. (1491–1547), Gemälde von Hans Holbein dem Jüngeren, 1540, Rom, Palazzo Barberini.

1660 Die Königstreuen gewinnen wieder die Oberhand, Karl II. wird König.

1679 Durch die «Habeas-Corpus-Akte» werden willkürliche Verhaftungen als ungesetzlich erklärt.

1707 England und Schottland werden zu Großbritannien vereinigt, sie erhalten ein gemeinsames Parlament.

1714 Mit Georg I. beginnt nach dem Tod von Königin Anna die Herrscherzeit des Hauses Hannover.

1776 Dreizehn britische Kolonien in Amerika erklären sich für unabhängig und begründen die USA. Dennoch bleibt Großbritannien eine der größten Kolonialmächte.

1805 In der Seeschlacht von Trafalgar besiegen die Briten unter Admiral Nelson die Flotte der Spanier und Franzosen. Großbritannien wird damit zur stärksten Weltmacht.

1806 Napoleon I. will die Handelsmacht England mit seiner «Kontinentalsperre» in die Knie zwingen.

1815 Napoleon wird von Wellington und Blücher bei Waterloo vernichtend geschlagen.

England nimmt nicht nur seine Vormachtrolle im weltweiten Handel wieder auf, es wird auch die allererste Industrienation der Welt.

1837 Queen Victoria übernimmt im Alter von 18 Jahren den Thron. Sie regiert die Weltmacht 64 Jahre lang.

1901 Tod von Queen Victoria. Mit ihr wechselt die Thronfolge vom Haus Hannover zum Haus Sachsen-Coburg-Gotha. Dessen Name wird 1910 in Windsor umgewandelt.

1914 Der Erste Weltkrieg beginnt. Er mündet 1918 in eine Niederlage Deutschlands und seiner Verbündeter.

1924 Erstmals regiert die Labour Party in Großbritannien.

1936 Nach dem Tod von Georg V. ist dessen Sohn Eduard der Thronfolger. Da dieser aber die geschiedene Amerikanerin Wally Simpson heiraten will, ist er gezwungen noch vor der Krönung abzudanken. Sein Bruder Georg VI. übernimmt daher die Krone.

1939 Beginn des Zweiten Weltkrieges. Großbritannien trägt schwere Schäden davon, Hitlers Truppen werden aber unter Leitung von Premierminister Winston Churchill zurückgeschlagen. 1944 nimmt die Invasion der Alliierten in Nordfrankreich ihren Beginn in England.

1945 Großbritannien zählt zu den vier Siegermächten, die zeitweise einen Sektor Deutschlands verwalten. Trotz des Sieges endet mit dem Weltkrieg die Weltmachtrolle der Briten. Immer mehr Nationen des British Empire werden im Lauf der folgenden Jahre selbständig. Sie schließen sich im Staatenbund des *British Commonwealth of Nations* zusammen.

1952 Nach dem Tod von Georg VI. übernimmt seine Tochter als Königin Elisabeth II. die Herrschaft.

1973 Großbritannien tritt nach langen innenpolitischen Diskussionen der Europäischen Gemeinschaft (EG) bei.

1979 Mit Margaret Thatcher erhält das Land seine erste Regierungschefin.

1983 Argentinische Soldaten besetzen die Falkland-Inseln, die zu Großbritannien gehören, aber von Argentinien beansprucht werden. Großbritannien besiegt die Argentinier im Südatlantik.

1993 Skandale erschüttern das Königshaus, die Ehe des Thronfolgers Prinz Charles mit Prinzessin Diana zerbricht. Schloß Windsor wird durch einen Brand schwer beschädigt, die Queen öffnet den Buckingham-Palast erstmals für Touristen. Mit den Eintrittsgeldern soll Windsor wieder aufgebaut werden.

Der Eisenbahntunnel unter dem Ärmelkanal geht trotz finanzieller Konflikte seiner Vollendung entgegen.

Klaus Viedebantt

Einer der wichtigsten Grundlagen des britischen Rechts ist das «Common Law», das aus einzelnen Urteilen (Präzedenzfällen), nicht aber aus Gesetzen abgeleitete Recht. Dabei sind die Richter zwar an das «Common Law» gebunden, können aber im Detail in der Rechtsprechung von Fall zu Fall andere Akzente setzen (*siehe auch Seite 16*).

Unter der zentralen Verwaltung, an die auch die Berufsarmee des Landes angeschlossen ist, hat sich die kommunale Verwaltung in Grafschaften und Gemeinden aufgeteilt. Beide Begriffe, auf Englisch «County» und «Parish», lassen noch

die ungebrochene Verknüpfung mit der feudalen Historie erkennen. Ein Parish war einst eine Kirchengemeinde und die County entspricht noch heute weitgehend den alten Adelsbesitztümern. Dementsprechend besteht das Königreich aus 51 Counties, London hat daneben einen Sonderstatus. Das gilt auch für die Polizei-Organisation, die in der Hauptstadt dem Innenministerium untersteht, ansonsten aber an die jeweilige Grafschaft angebunden ist.

Krisen und Erfolge: Englands Wirtschaft

England war die erste Region, die aus einer landwirtschaftlichen in eine industriell geprägte Wirtschaft wechselte. In England entstanden auch die ersten großen Gewerkschaften. Bis zum Zweiten Weltkrieg war Großbritannien politisch wie wirtschaftlich eine Weltmacht. Nach dem Krieg verlor es diese Vormachtrolle an die Vereinigten Staaten von Amerika, auch, weil streikfreudige Auseinandersetzungen in der Ar-

beitswelt («englische Krankheit») und eine geringe Innovationskraft die Ökonomie schwächten. Hinzu kamen ideologisch unterfütterte Auseinandersetzungen zwischen Labour und Konservativen über die Rolle des Staates in der Wirtschaft. Vor einigen Jahren zeichnete sich jedoch eine allmähliche Erholung ab. Allerdings wird der Staat noch auf Jahre hinaus Probleme mit der hohen Arbeitslosigkeit in den angestammten Industrierevieren in Nordengland, Nordirland und Schottland haben. Südengland, vor allem das prosperierende Finanz- und Dienstleistungszentrum London, hat dagegen die Rezessionsjahre weitaus besser überstanden.

Englands Industrie ist vor allem in der Stahlherstellung, im Maschinen- und Fahrzeugbau, in der Elektrotechnik und in der Textilwirtschaft engagiert. Vor der englischen Nordseeküste werden ausgedehnte Erdgasfelder genutzt, in Nordengland und Wales werden große Eisenerz- und Kohlelager abgebaut. Blei und Zink sind weitere wichtige Bodenschätze. In der Landwirtschaft steht die Viehzucht im Vordergrund, die Fleischexporte in die Partnerstaaten der Europäischen Gemeinschaft haben jedoch Anfang der neunziger Jahre durch die Rinderwahn-Seuche kräftige Einbußen erlitten. In der Fischerei sind vor allem der Heringsfang in der Nordsee und der Makrelenfang vor Cornwall im Atlantik von Bedeutung. Im Dienstleistungsbereich sorgen neben den Finanzdiensten – London ist der wichtigste Börsenplatz Europas – vor allem die Versicherungen und die Verkehrsträger Englands für weltweite Geschäfte.

Die vor einigen Jahren privatisierte Fluglinie British Airways hat weltweit die meisten internationalen Strecken, eine positive Nachwirkung des einst den Erdball umspannenden Kolonialreiches, das mit gleichberechtigten Partnern im «British Commonwealth of Nations» fortlebt. Diese traditionellen globalen Verbindungen haben auch die Rolle Londons als weltumspannendes Handelszentrum erhalten.

Von der Kathedrale bis zum Pop: Englische Kultur

Die auffälligsten Zeugnisse englischer Kultur hinterließ die *Architektur*, von den monumentalen, vermutlich rituellen Steinsetzungen von Stonehenge bis zur zeitgenössischen Stahl- und Glaskombination für die Zentrale der Versicherung Lloyd's of London. Bis zum Beginn des 13. Jahrhunderts beherrschte der wuchtige normannische Stil die Bauweise. Mit der Gotik begann später die hohe Kunst der englischen Kathedralen. Die Renaissance, aus der in England der Tudorstil erwuchs, setzte Maßstäbe für viele der englischen Herrenhäuser; fortentwickelt wurde der Stil von Sir Christopher Wren (1632–1723). Der bedeutendste Baumeister seiner Epoche errichtete unter anderem in London die St Paul's Cathedral und den Kensington Palace. Im 18. Jahrhundert prägte der elegante georgianische Stil, im 19. Jahrhundert der dekorationsfreudige viktorianische Stil die Architektur. Zu den international renommierten Architekten der Gegenwart gehören die Briten Richard Rogers, der das Lloyd's-Hochhaus erbaute, und Norman Foster, der unter anderem den neuen Terminal des Flughafens London-Stansted entworfen hat.

Der Innenraum der Kathedrale von Exeter mit seinem herrlichen Rippengewölbe ist eine der architektonischen Hauptsehenswürdigkeiten im Süden Englands.

Der bekannteste Name der klassischen englischen *Musik* ist der des Komponisten Henry Purcell (1659–1695); die Engländer benennen aber auch oft den aus Halle stammenden Georg Friedrich Händel (1685–1759), der in London wirkte, als einen der ihren. Die Pop-Kultur wurde von englischen Musikern entscheidend mitgestaltet; die *Beatles*, vor allem ihre Hauptkomponisten John Lennon und Paul McCartney, sind die herausragenden Beispiele (*siehe auch Seite 141*). In der heutigen Musical-Szene gilt der Brite Andrew Lloyd Webber («Cats») als der weltweit erfolgreichste Komponist.

Leistungen in Technik und Wissenschaft

Englische Ingenieure veränderten die Welt, allen voran der 1736 geborene James Watt. Seine Erfindung, die Dampfmaschine, machte die industrielle Revolution erst möglich. Mit der von Watt entwickelten Technik gelang es George Stephenson (1781–1848), die ersten Lokomotiven zu bauen.

Aber auch die Wissenschaftler der Krone haben immer den handfesten Nutzen ihrer Forschungen im Auge gehabt. England, das sich mit zwei der berühmtesten und ältesten

Die Kathedrale von Canterbury: Nach der Ermordung des Erzbischofs Thomas Becket am 29. Dezember 1170 wurde sie einer der bedeutendsten Wallfahrtsorte Englands.

Die englische *Malerei* erlebte im 18. Jahrhundert ihre Blütezeit mit Künstlern wie William Hogarth, Thomas Gainsborough, William Turner und John Constable. In der Jugendstil-Ära fand Aubrey Beardsley über England hinausreichende Anerkennung; der bekannteste Brite unter den bildenden Künstlern des 20. Jahrhunderts ist der Bildhauer Henry Moore (*siehe auch Seite 96/97*).

Die reiche englische *Literatur* wird überstrahlt von William Shakespeare (1564–1616), kann aber schon vor ihm große Namen und Werke vorweisen, etwa Geoffrey Chaucer («Canterbury Tales»), Thomas Morus («Utopia») oder Christopher Marlowe («Faustus»).

Daniel Defoe, Laurence Sterne, Oliver Goldsmith, Jane Austen, Lord Byron, die Brontë-Schwestern, Charles Dickens, Sir Walter Scott, Oscar Wilde und Robert Louis Stevenson setzten Marksteine in den zurückliegenden Jahrhunderten. Im 20. Jahrhundert ergänzten Rudyard Kipling, Somerset Maugham, George Orwell, Evelyn Waugh, der Waliser Dylan Thomas und John Osborne die Reihe (*siehe auch Seite 70*).

Universitäten der Welt, mit Oxford und Cambridge, schmücken darf, hat dank dieses Hintergrunds in den Wissenschaften immer eine besondere Rolle gespielt. Das gilt auch für den berühmtesten Cambridge-Mann, den Physiker und Mathematiker Sir Isaac Newton (1643–1727), dessen folgenreiche Leistungen auf dem Gebiet der experimentellen Optik, der theoretischen Mechanik und der höheren Mathematik lagen. Weniger bekannt ist dagegen der im Jahr 1792 geborene Mathematiker Charles Babbage, der ebenfalls Student in Cambridge war und dessen Berechnungen eine der Grundlagen für die heutigen Computer schufen.

Globale wissenschaftliche Verdienste errang der dafür gar nicht ausgebildete Captain James Cook (1728–1779) bei der Erforschung der Arktis und des Pazifiks. Zu seinen Reisegefährten zählte auch der später hoch geehrte Biologe Joseph Banks, ein Vorläufer von Charles Darwin (1809–1882), der mit seiner Abstammungslehre nicht nur die Biologie grundlegend veränderte, sondern auch die Geisteswissenschaften seiner Zeit stark beeinflußte.

Einige Beispiele der englischen Malerei des 18. bis 20. Jahrhunderts.
Oben links: «Robert Andrews und seine Frau Frances», eines der frühen Werke von Thomas Gainsborough; die Landschaft im Hintergrund ist Abbild Suffolks, der Heimat des Künstlers (1748/49, London, National Gallery). – Oben rechts: «Interieur in Petworth, dem Landhaus Lord Egremonts», eines der Gemälde William Turners, in dem optischer Eindruck und Lichtwirkung gegenüber dem Motiv im Vordergrund stehen (1835, London, Tate Gallery). – Unten links: Ein typisch englisches Bildthema – «Die Lichfield Jagd» von John Wootton (1744, London, Tate Gallery). – Unten Mitte: «Wivenhoe Park, Essex», ein Bild des Landschaftsmalers John Constable (1816, Washington, National Gallery of Art). – Unten rechts: Eine «Studie zu der Kinderschwester im Film ‹Panzerkreuzer Potemkin›» des Künstlers Francis Bacon (1957, Frankfurt am Main, Städelsches Kunstinstitut).

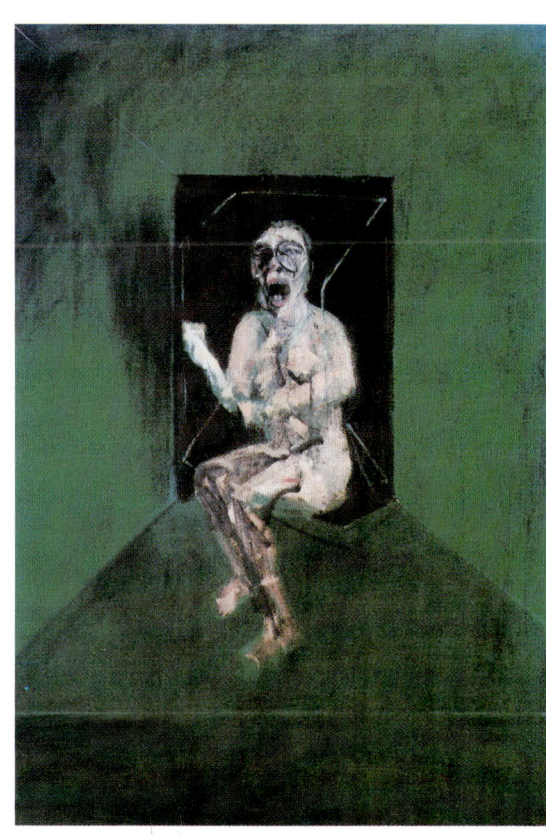

Cricket, Tennis und Golf: Sport in England

Man sagt den Engländern nach, sie seien die sportlichste Nation der Welt, auch wenn sich das nicht mehr wie einst in Olympiamedaillen und Weltmeistertiteln niederschlägt. Aber es ist bezeichnend, daß die Fachbegriffe in den meisten Sportarten aus dem Englischen kommen. Sport war einst allerdings nur eine Freizeitbeschäftigung der Oberschicht, «fair play» war somit eine Selbstverständlichkeit unter Gentlemen. Unter den «hooligans», den gefürchteten Fans der

reich mit öffentlichen Verkehrsmitteln erkunden will. Denn auch dann wird man zwangsläufig hin und wieder zum Fußgänger und sollte zuerst in die «falsche» Richtung schauen, ehe man die Straße überquert …

Der *Linksverkehr* auf den britischen Inseln, der den meisten England-Besuchern glücklicherweise recht schnell zur Selbstverständlichkeit wird, bringt es mit sich, daß die Autos rechtsgesteuert sind. Auch die Mietwagen für Touristen. Sobald man sich an diese anfangs fremde Position gewöhnt hat, schwimmt man mühelos mit im Verkehr. Nur das Schalten

Die bunte Häuserzeile lädt ein zum Bleiben: Hotels und Bed & Breakfast-Pensionen im Seebad Blackpool, dem «Saint-Tropez des kleinen Mannes».

britischen Fußballvereine, ist leider von dieser Tradition nichts erhalten. Fairneßfündiger als beim Fußball, der beliebtesten Massensportart in England, wird man ohne Frage in den gepflegten Cricket-Stadien, obschon auch diese urenglische Sportart zum Erstaunen der gelangweilten Kontinentaleuropäer die Massen anzieht. Die EU-Nachbarn verfolgen in England lieber die Tennisduelle in Wimbledon oder in Wales die ruppig-faire Art des Rugby. Immer mehr Besucher «vom Kontinent» reisen auch mit den Golfschlägern im Gepäck an und stellen erstaunt fest, daß im Mutterland des Snobismus der ansonsten elitäre Golfsport ein relativ snobfreies Volksvergnügen ist (*siehe auch Seite 46*).

Unterwegs in England und Wales

Wie reist man in England und Wales? Mit dem Auto oder dem Fahrrad vor allem auf der «falschen», der linken Straßenseite. Daran sollte man auch denken, wenn man das König-

mit der linken Hand bleibt manchen «Gästen vom Kontinent» ein wenig fremd. Aber viele Mietwagen haben inzwischen ohnehin eine Automatikschaltung. Wer mit dem eigenen Auto durch England kurven möchte, sollte nicht ohne rechten Seitenspiegel starten.

Ob mit dem eigenen oder dem gemieteten Auto: *London* ist kein sehr geeignetes Pflaster für ortsunkundige Touristen. Zum einen hat die Millionenmetropole ein oft verwirrendes Straßen-Schnittmuster, zum zweiten steckt man zumindest tagsüber mit tausend anderen im Stau, zum dritten sind Parkplätze bei den touristischen Attraktionen rar und teuer. In London tut man gut daran, sein Auto beim Quartier abzustellen und öffentliche Verkehrsmittel zu benutzen, beispielsweise mit der preiswerten «Travelcard», mit der man für einen oder mehrere Tage alle U-Bahnen, fast alle Busse und einige weitere Bahnen benutzen kann. Wenn man etwas sehen will, sind die Oberdecks der berühmten doppelstöckigen roten Busse zu empfehlen; wenn man es eilig hat, kommt man mit der U-Bahn schneller unter dem Stau hinweg.

Das Cathedral Gate Hotel liegt direkt rechts neben dem Christ Church Gateway, dem Torgebäude, durch das man zur Kathedrale von Canterbury gelangt.

Die Hauptstadt ist von einem Autobahnring umgeben, von dem weitere Autobahnen in alle Teile der Insel abgehen. Diese *Motorways* sind numeriert und jeweils mit dem Buchstaben M gekennzeichnet (M1, M2 etc.). 70 Meilen, etwa 113 Stundenkilometer, sind auf den Autobahnen als Höchstgeschwindigkeit erlaubt; auf den Landstraßen sind es 60 Meilen (97 km/h), in den Städten 30 Meilen (48 km/h).

Die nationale Bahngesellschaft, *British Rail*, hat alle wichtigen Städte in England und Wales im Intercity-Netz verknüpft und bietet dazu eine Reihe von Rabatt-Tickets an. Die Intercity-Züge sind relativ schnell und komfortabel. Das kann man von den Regionalzügen seltener sagen. Naturgemäß schnell sind die innerbritischen Flugverbindungen, aber die Flüge sind relativ teuer, wenn man nicht einen der zahlreichen Spezialtarife ergattert. Generell das preiswerteste Angebot hat meist das Fernbus-Unternehmen *National Express*. Eine Besonderheit sind die «Briefträger-Routen» der *Royal Mail*: Als zahlender Gast kann man abseits der Touristenrouten im kleinen Postbus mitfahren.

Wo übernachtet man? Kontakte mit den Engländern garantiert die Übernachtung im *Bed & Breakfast* – eine preiswerte Alternative zu Hotels, insbesondere angesichts des traditionell reichhaltigen Frühstücks (einen ordentlichen Kaffee sollte man im Land der Teetrinker aber nicht immer erwarten). Auch *Farmen* bieten solche Unterkünfte recht preiswert an; wenn es preislich ein bißchen mehr sein darf, kann man auch in zahlreichen ländlichen *Adelssitzen* sein müdes Haupt betten. Speziell für die Ferien und die Universitätsstädte gilt der Hinweis auf *Studentenheime*. Viele vermieten gegen bescheidenes Salär die Zimmer der Studiosi an Touristen. Die britischen *Jugendherbergen* bieten ein weiteres Netz von preiswerten Unterkünften an, auch für Familien. Für sie sind auch *Ferienhäuser* eine Alternative.

Die Fremdenverkehrsvereine prüfen und kategorisieren viele Unterkünfte, insbesondere die Hotels. Diese werden mit maximal fünf Kronen ausgezeichnet. Es gibt verschiedene Buchungssysteme für Unterkünfte, einige Hotelgruppen verkaufen auch Gutscheinhefte für Übernachtungen, die je nach Bedarf in verschiedenen Orten eingelöst werden können. Entsprechende Informationen sind bei den Büros der *British Tourist Authority* (BTA) in Frankfurt/Main und Zürich erhältlich. Dort lassen sich auch Unterkunftsadressen für behinderte Reisende erfragen.

In London gibt es in der Regent Street 12, nur ein paar Schritte vom Piccadilly Circus entfernt, ein *zentrales Reisezentrum* (British Travel Centre) für das Königreich.

Die englische Küche. Selbst das herzhafte britische Frühstück hält nicht den ganzen Tag vor. Zur Mittagszeit begnügen sich jedoch viele Engländer mit einem kleinen Mahl, etwa mit Sandwiches oder Tellergerichten in den Pubs. Aufwendige Mittagessen offerieren selbstverständlich die Restaurants, an denen es in den größeren Städten nicht mangelt, insbesondere nicht an indischen und chinesischen Restaurants. Außerhalb der Städte bleiben dem Reisenden oft nur die Hotelrestaurants, wenn man sich nicht in Fast-food-Buden verköstigen will. Dasselbe gilt auch für das Abendessen, das wieder üppiger ist.

Die englische Küche hat einen schlechten Ruf. Sie hat ihn sich redlich erworben, indem sie Gemüse bis zur Unkenntlichkeit zerkochte, auf Gewürze weitgehend verzichtete und ähnliche Küchensünden beging. Heute ändert sich das glücklicherweise, wenn auch die Küchenrevolution noch nicht das ganze Land erfaßt hat. Typisch englische Gerichte sind Roastbeef mit Yorkshirepudding (eine salzige Teigspezialität) und Lammbraten mit Pfefferminzsauce *(siehe auch Seite 115)*.

Feste und Veranstaltungen. British Sense of Humour: 1605 versuchte Guy Fawkes, das Parlament in die Luft zu sprengen. Das feiern die Engländer alljährlich während der *Guy Fawkes Night* am 5. November mit Freudenfeuern und Leuchtraketen. Poetisch hingegen die Waliser: Eine Woche lang treffen sie sich im August zum *Royal National Eisteddfod*, jährlich wechselnd an verschiedenen Orten in Wales. Die «Seele von Wales» vibriert an diesen Tagen, an denen sich Tausende um die Kittelträger der Druidenorden scharen und sich Dichtung, Musik und traditionellen Riten hingeben.

Fortsetzung Seite 116

Wenn ein Engländer sagt: Sie sollten mich mal besuchen kommen, dann bedeutet das soviel wie: Sie scheinen ein ganz netter Mensch zu sein. Mich jedoch hatte Christopher aufgefordert: Wir erwarten Sie am Sonnabend um vier Uhr zum Tee. Das ist nun wirklich eine Einladung. «Nein, nicht in der Stadt. Wir haben da an der Küste so ein kleines Landhaus. Ich habe Ihnen den Weg aufgeschrieben.» Der Weg war leicht zu finden, nur kein kleines Landhaus. Aber da stand ja sein Name auf einem selbstgebastelten Wegweiser, «Downs Hall». Was vor mir, hinter Dünen versteckt, auftauchte, hielt ich für ein Hotel, wie die meisten Seehotels leicht vergammelt. Aber es war das kleine Landhaus. Der große Garten wirkte wie ein Teil der Dünenlandschaft, die ihn rings umgab. Menschen winkten meinem Auto freundlich zu, und da ich einige von ihnen kannte, wußte ich: Hier bin ich richtig. Theoretisch war mir das alles völlig klar. Wenn der Engländer sein «home» ein «castle» nennt, dann war das ursprünglich kein weitergeholter Vergleich. Am Anfang – und England fängt nach 1066 an – waren die *Manors*, Wald und Weide, Büsche und Ackerland, von den Fürsten und Herzögen dem niedrigeren Adel zur Bewirtschaftung und Verwaltung übergeben. An der schönsten oder geeignetsten Stelle entstand ein Schloß, das *Manor House*, Sitz der Herrschaft. Den Landadeligen schlossen sich die Großkaufleute an,

EIN KLEINES LANDHAUS MIT VIERZIG ZIMMERN

Oben: *Polesden Lacey bei Dorking.*
Unten: *Little Moreton Hall, Cheshire.*

Vorratsräume. Im Erdgeschoß das Eßzimmer, ein Speisesaal von spartanischer Einfachheit. Dahinter wohl noch die Bibliothek, das Arbeitszimmer des Hausherrn. Im ersten Stock dann die Beletage. Hier im großen Salon, wenn irgendwo, geht es vornehm zu. Er ist aufgeräumt wie ein Ballsaal: in der Mitte eine große freie Fläche, es steht alles am Rand: Möbel von Hepplewhite oder Chippendale, lauter alte Erbstücke; ein Sekretär, an dem die

die vor allem durch den Export von Wolle reich geworden waren. Beide bildeten eine gemeinsame Klasse, die *landed gentry*, die feinen Leute vom Land. Landbesitz war die Voraussetzung für gesellschaftlichen Status und politische Macht. Bis weit ins 19. Jahrhundert hinein ließ sich jeder Neureiche nach Möglichkeit einen Herrensitz auf dem Lande bauen. So richtig luxuriös waren die von Anfang an nicht; großzügig ja, aber nicht prächtig. Im Souterrain gibt es Küche, Keller und

Dame des Hauses ihre Korrespondenz erledigt; ein Eckschrank, der die Drinks verbirgt; Serviertischchen. Schlaf- und Ankleidezimmer sind im zweiten Stock. Im dritten, der oft nur über enge Treppen zugänglich ist, liegt das Reich der Kinder und des Personals. So wohnen viele, die es sich leisten können, viele Engländer vor allem in der Umgebung von London, in den «home counties», noch immer. Auch dann, wenn sie den größeren Teil ihrer Zeit in der Stadt verbringen, wo sie sich

oft – der Luxus des Engländers – ein Stadthaus erworben haben, eine Miniaturausgabe des Landhauses, mit dünneren Wänden. Niemand baut sich heute noch so ein *country mansion*. Wozu auch? Sie stehen massenweise zum Verkauf. Die gar nicht so wenigen, die als ihren eigentlichen Wohnsitz noch immer ihr Haus auf dem Lande betrachten, haben ihn entweder geerbt oder erheiratet oder eben gekauft. Dabei ist der Kaufpreis nicht das Haupthindernis. Erstens gibt es ja auch heute noch Engländer, die Geld machen; und zweitens kostet eine Vierzimmerwohnung in Kensington heute nicht weniger als ein Landhaus. Aber wie soll man so ein *country mansion* heute in Ordnung halten? Es war ja gedacht für eine große Familie mit Tanten und Großvätern, mit vielen Kindern, mit Nannies und Butlern, mit Küchenpersonal und Gärtnern und Pferdeburschen und wem nicht sonst noch alles. Wenige sind so reich, daß sie auch dafür noch aufkommen können. Sogar die Mitglieder der Königlichen Familie haben da Schwierigkeiten. Die übliche Lösung: es werden nur noch drei oder vier Zimmer bewohnt. Aber dafür ist das Landhaus eben nicht richtig gebaut. Eine zweite Schwierigkeit ist dazugekommen, seit die Erbschaftssteuer bis an die neunzig Prozent geklettert ist. Wer will denn so etwas erben? Ein illustres Beispiel für viele: Cliveden an der Themse, 1666 gebaut, war einmal das Landhaus der Herzöge von Buckingham, Sutherland und Westminster. Am Ende (1942) konnten es nicht einmal mehr die sagenhaft reichen Astors finanzieren. Sie schenkten es dem National Trust. Der verpachtete es. Und heute ist es ein Hotel. Das schönste übrigens in England.

Rudolf Walter Leonhardt

Blick in den Hof des All Souls' College in Oxford. Perfekte Gentlemen sind sie alle, die Professoren und Studenten der traditionsreichen Elite-Universität.

Nächste Doppelseite: Radcliffe Camera in Oxford. In dem markanten Rundbau, dem Hauptwerk des Architekten James Gibbs, ist ein Teil der Bodleian Library untergebracht. Rechts im Bild das All Souls' College.

101

Ein Meisterwerk
gotischer Raum-
gestaltung ist das
Gewölbe der Bo-
dleian Library in
Oxford, einer der
größten Bücher-
und Handschriften-
sammlungen
Europas.

Die Dachtempel des Queen's College in Oxford. Das elegante Gebäude ist ein gemeinsames Werk Sir Christopher Wrens und seines Schülers Nicholas Hawksmoor.

Generationen von Gelehrten haben hier über den Büchern gesessen: Der Lesesaal der Lincoln College Library in Oxford.

105

Links: Shakespeares Mutter Mary Arden wohnte in diesem Tudor-Fachwerkhaus im Dorf Wilmcote bei Stratford-upon-Avon. Heute ist hier ein kleines Museum eingerichtet.

Rechts: Auch eine Shakespeare-Gedenkstätte ist Anne Hathaways Cottage. Das strohgedeckte Elternhaus von Shakespeares späterer Frau liegt am Stadtrand von Stratford-upon-Avon.

Ein Landgasthof lädt zur Einkehr ein nach einem Wandertag im Peak District National Park.

Ein Muß für jeden England-Besucher: Das Geburtshaus von Shakespeare in Stratford-upon-Avon.

Trotz der vielen Touristen hat sich Stratford-upon-Avon seinen Charme bewahrt. Links im Bild die Guild Chapel.

Nächste Doppel-seite: In der Great Hall des über tau-send Jahre alten Warwick Castle nordöstlich von Stratford-upon-Avon.

Warwick Castle, eine der besterhaltenen mittelalterlichen Anlagen von England. Neben den Burggebäuden selbst sind die große Rüstkammer, das gut bestückte Kunstmuseum und ein Wachsfigurenkabinett Publikumsattraktionen.

Blick über die Cotswold Hills in Gloucestershire. Links im Bild der Kirchturm des mittelalterlichen Städtchens Chipping Campden.

In Englands Mitte, nur wenige Kilometer von der Industriestadt Derby entfernt, liegt das 1757 bis 1765 im neopalladianischen Stil erbaute Herrenhaus Kedleston Hall.

Grasbewachsene Kuppen, Torfmoore, sanfte Täler: Weit schweift der Blick über das hügelige Weideland des Peak District.

Nächste Doppelseite: «Britannia rules the waves» – Stolze Veteranen der Royal Navy bei einem Treffen in Birmingham.

Robin-Hood-Denk-
mal in Nottingham.
Der englische Volks-
held hatte sein
Hauptquartier im
Sherwood Forest
nördlich der Stadt.

114

Kein Lexikon schafft es, nein: kein Engländer schafft es, einem genau die Unterschiede zu erklären zwischen *inn, tavern, hostelry, hotel, restaurant, public house, bar* und *pub*. Das hat gute Gründe: Es gibt nämlich keine genauen Unterschiede, jedenfalls dann nicht, wenn wir die Dimension der Zeit mit einbeziehen. Hotel, Restaurant und Bar sind heute einigermaßen definierbar. Das Pub (das öffentliche Haus), die Pub (*la maison publique* oder die Kneipe), der Pub (*le bistro*) – wir könnten weiter durch die Sprachen wandern und noch immer nicht den ein-

Vielversprechendes Pub-Schild in Lancaster.

zigrichtigen Artikel finden – hieß vor vierhundert Jahren auch *inn* und vor zweihundert Jahren auch *tavern* und in älteren Lexika gilt nur *public house*. Daher muß gewissermaßen ein Ideal-Pub beschrieben werden wie es zweifellos in England zu Hause ist: 1. Ein Pub dient vor allem der Versorgung seiner Gäste mit Getränken, überwiegend noch immer alkoholischen Inhalts, zu vier Fünftel Bier. 2. Diese Getränke werden, vergessen Sie die Ausnahmen, a) im Stehen und b) in eher halbdunklen Räumen konsumiert. 3. Pubs sind Familienbetriebe oder doch wenigstens Kleinbetriebe. Sie müssen billig sein. Die Betreiber sind Pächter; Eigentümer sind Brauereien. 4. Pubs haben von Region zu Region, von Saison zu Saison schwankende Öffnungszeiten (*licensing hours*), im Durchschnitt etwa von 11.30 Uhr bis 14.30 Uhr und von 18.00 Uhr bis 23.00 Uhr. 5. Pubs haben eine kitschig-gemütliche Inneneinrichtung sowie phantasieanregende Namen. Nun wieder rückwärts, Punkt für Punkt. Namen können auf den Landbesitzer deuten («The Hare and Hounds», «Fox and Hounds») oder

OFT KOPIERT UND NIE ERREICHT: DAS ENGLISCHE PUB

Oben: Anmutige Aufforderung zu einem Drink in Harlech, Wales. Unten: Nach dem Einkaufsbummel ein genußvolles Ale in einem Pub in Camden Town, London.

auf beliebte Prominente («The Duke of Wellington», «The Marquis of Granby»). Am schönsten finde ich die Namen, die nicht verstanden und für eigene Zwecke zurechtgemacht wurden (Volksetymologien): «The Bag o' Nails» (für the Baccanals), «The Cat and Wheel» (für St Catherine's Wheel), «The Iron Devil» (für Hirondelle), «The Goat and Compasses» (für God encompasses us). Es gab ein großes Geschrei, als in den zwanziger Jahren die Öffnungszeiten beschränkt wurden. Es gab ein noch größeres Geschrei, als in den achtziger Jahren mißgeleitete Liberale die Beschränkungen wieder aufheben woll-

ten. Inzwischen hatte sich nämlich herausgestellt: «Nur mittags und abends darfst du was trinken», erwies sich als ziemlich gleichbedeutend mit: «mittags und abends mußt du was trinken». Und essen, doch, in vielen Pubs gibt es auch etwas zu essen, nichts Großartiges, eine *Kidney pie* oder ein *Sandwich*. Diese Erfindung, die der vierte Earl of Sandwich 1762 gemacht haben soll, verdiente es, als ein genuin britischer Beitrag zur Schnellernährung gewürdigt zu werden, wenn das englische Brot besser wäre. Aber wäre es das, dann hätten die Engländer vielleicht nicht ihren zweiten Beitrag leisten können: den *Toast.* Der uns zum nun wirklich ins Gewicht fallenden und daher in vielen Ländern gern übernommenen dritten Beitrag führt, dem *English breakfast.*

Da wir schon bei den wenigen Beiträgen der Engländer zu den Küchen dieser Welt sind, seien noch erwähnt: das Nationalgericht *roast rib of beaf* mit *Yorkshire pudding* (englischer Pudding ist kaum jemals süß) sowie die allgemeine Tendenz, Fleisch

oder Fisch und Gemüse und Kartoffeln oder Reis schön säuberlich getrennt zu servieren. Was immer einer zu der englischen Art sich zu ernähren sagen mag, ihr Ergebnis ist erfreulich: Man trifft in keinem anderen Land der westlichen Welt so wenig fette Leute. Dennoch hat der englische Beitrag zur Getränkekarte anderswo mehr Beifall gefunden als der zur Speisekarte: Whisky, Gin and Tonic, Bier *mild* oder *bitter* und, und, und ... Im übrigen sollte niemand sich Sorgen machen. In keinem anderen Land gibt es so viele ausländische Köche wie in England.

Rudolf Walter Leonhardt

Folklore jüngerer Art verheißen Yorks *Wikingerfestival* im Februar, die *Ruderregatta Oxford-Cambridge* in den ersten Apriltagen, die *Royal Horse Show* im Mai in *Windsor* oder das *Opernfestival* von *Glyndebourne*, berühmt für seine Smoking-Picknicks auf der Weide. Und wo trifft man sich sonst im Sommer? Im Juni in *Ascot* zum *Pferderennen*, im Juli in *Wimbledon* zum *Tennis* und im August vor der *Isle of Wight* zur Segelregatta um den *Admiral's Cup*. Im September steckt sich *Blackpool* zu seinen «Illuminations» Tausende Lichter auf, im Oktober zelebriert *Swansea* sein *Musik- und Kunstfestival*, im

Zum «Cream Tea» wird man bei dieser Tagestour nicht zurück sein in Exeter, aber die Spezialität der (für ihre fette Sahne bekannten) Grafschaft Devon, kleine Kuchen mit Schlagsahne und Erdbeermarmelade, gibt es fast überall in Cornwall. Von Exeter (siehe Seite 143) geht es über die A 380 gen Westen, letztlich bis Land's End, vorerst nur bis zum Abzweig nach Teignmouth, zum eleganten Seebad mit roten Klippen. Der Stolz dieser vom Golfstrom bestrichenen Küste, oft «englische Riviera» genannt, ist jedoch das nahe Torquay mit seinen sieben subtropisch-grünen Hügeln – eines

Sehenswürdigkeiten auf der ersten Route: Die fotogene Ruine der Carn Calver Mine bei Land's End (links). Im milden Klima Südenglands gedeihen Gärten von paradiesischer Schönheit: Trelissick Garden (rechts oben) und Trewithen Garden (rechts unten), beide bei Truro.

November rollen die Oldtimer zur *Ralley London – Brighton* und im Dezember greift die Insel zu bunten Hüten und Pappnasen, um auf britische Art *Weihnachtspartys* zu feiern.

Reiserouten durch England und Wales

Die wichtigsten Sehenswürdigkeiten von London werden im betreffenden Abschnitt unter «Sehenswerte Orte und Landschaften von A bis Z» beschrieben; auf einen Stadtrundgang wurde daher hier verzichtet. – Zu allen in den Routen genannten Orten mit Seitenverweis sind ausführlichere Informationen unter «Sehenswerte Orte und Landschaften von A bis Z» zu finden. – Ziffern im Kreis geben die Nummer der Route auf der Karte Seite 119 an.

Route ①: Eine Rundfahrt durch Cornwall
Exeter – Teignmouth – Torquay – Dartmouth – Plymouth – St Austell – Truro – St Michael's Mount – Penzance – St Ives – Bodmin – Tavistock – Ashburton – Exeter (440 Kilometer)

der schönsten englischen Bäder. Die Küstenstraße endet zehn Kilometer weiter an der Fähre nach Dartmouth, einer romantischen Kleinstadt, in deren Marineschule die Windsor-Prinzen gedrillt wurden. Auf der Weiterfahrt nach Kingsbridge zeigen sich Land und See vom Feinsten, ehe nun alle Wegweiser nach Plymouth (siehe Seite 152) zeigen.

Hinter Plymouth führt die A 38 nach Cornwall hinein, bei Dobwalls sollte man abbiegen in Richtung St Austell. Truro mit seinem üppigen Trelissick Garden ist das nächste Ziel. Gartenfreunde sollten auch den Abstecher nach Falmouth, zum Glendurgan Garden, machen, ehe es nach Helston geht. Dort liegt vor der Küste St Michael's Mount, der nicht zufällig an den Mont St-Michel in der Normandie erinnert: Er war zeitweise ein Außenkloster der Franzosen. Von hier aus sind es nur noch sechs Kilometer bis Penzance (siehe Seite 152).

Jetzt beginnt der Panorama-Rundkurs über die westlichste Spitze Englands, Land's End; er endet beim Seebad und Künstlerdorf St Ives. Zeitsparend ist die Rückfahrt auf der A 30 bis Bodmin, dem Startort für Touren ins Bodmin Moor.

Dann sollte man durch den Dartmoor Forest fahren (siehe Seite 142); eine der schönsten Straßen durch den Nationalpark beginnt an der A 38 bei Liskeard und führt über Tavistock und Two Bridges nach Ashburton. Hier mündet die Nebenstraße wieder in die A 38, die Strecke zurück nach Exeter.

Route ② : Westlich von London

London – Winchester – Romsey – Salisbury – Stonehenge – Marlborough – Avebury – Oxford – Maidenhead – Windsor – Eton – London (330 Kilometer)

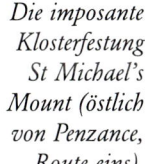

Die imposante Klosterfestung St Michael's Mount (östlich von Penzance, Route eins).

fernt von Salisbury, vorbei an Old Sarum, wo die Reste der ersten Kathedrale von Salisbury ausgegraben wurden und noch zu sehen sind. Das nächste Ziel nordöstlich von Stonehenge ist das kleine Marlborough, bekannt für sein College, das hinter den Mauern eines historischen Herrenhauses standesgemäß untergebracht ist. Wenn die Zöglinge des College englische Vorgeschichte büffeln müssen, können sie das vor Ort tun, im Nachbarstädtchen Avebury mit seinen ausgedehnten prähistorischen Steinsetzungen. Sie sind nicht minder gigantisch als Stonehenge, aber außerhalb Englands weit weniger

Ein Kulturtag, der auf der Autobahn M 3 beginnt, auf der M 4 endet und zwischendurch meist auf kleinen Landstraßen stattfindet. Die Autobahnabfahrt Winchester verheißt die erste der beiden großen Kathedralen dieses Tages. Verläßt man die Stadt in Richtung Südwesten, so gelangt man nach Romsey. Die dortige Klosterkirche ist eines der am besten erhaltenen Exemplare normannischer Kirchenbaukunst. Hier ist der letzte Vizekönig von Indien, Lord Mountbatten, begraben. Das nahegelegene Schloß der Mountbattens, Broadlands, ist in der Saison für Besucher zugänglich.

Die grazile Gotik der Kathedrale von Salisbury (siehe Seite 153) ist der rechte Kontrast zu den Normannenmauern von Romsey. Innerhalb des «Close» genannten Kirchengrundes stehen einige alte, museumswürdige Häuser, von denen das «King's House» das Salisbury and South Wiltshire Museum (Stadtgeschichte, Kunsthandwerk) beherbergt.

Ein Besuch des Museums erlaubt eine gute Vorbereitung auf die prähistorischen Steine der geheimnisvollen Kultstätte Stonehenge (siehe Seite 153), nur eine kurze Wegstrecke ent-

gut bekannt. Aveburys Steinzeitzeugnisse sind allerdings auch weniger gut erhalten, sie wurden von vorangegangenen Generationen oft als Steinbruch benutzt. Die Idylle der pastoralen Landschaft endet in Swindon, einer Industriestadt, die nur für Eisenbahnfreunde wegen ihres Eisenbahnmuseums einen Stopp wert ist. Ferner gibt es ein Railway Village und das Town Museum. Verlockender ist das 30 Kilometer entfernte Oxford (siehe Seite 152), die «Stadt der träumenden Türme» und der ältesten britischen Universität.

Eilige Reisende können von Oxford aus über die M 40 zurück nach London brausen; schöner ist ein motorisierter Bummel entlang der Themse, insbesondere in der ersten Juliwoche, wenn in Henley-on-Thames die traditionsreiche königliche Ruderregatta stattfindet. Auf dem Weg zum Ferienort Maidenhead grüßt das eindrucksvolle Cliveden House vom Felsen über dem Fluß. Das heutige Luxushotel entstand 1851 als standesgemäßes Quartier der Familie Astor. Sie wollten wohl dem Königshaus nahe sein, das seit mehr als 900 Jahren im Sommer nach Schloß Windsor umzuziehen pflegt.

Hauptsehenswürdigkeit von Winchester ist die 1079 begonnene Kathedrale. Dort ist das Grab der 1817 gestorbenen, noch heute populären Romanschriftstellerin Jane Austin zu sehen (Route zwei).

Ebenso lange ist das gewaltige Schloß aus- und umgebaut worden. Das beliebteste Ausflugsziel der London-Touristen wird nach dem schweren Brand von 1992 in den Prunkräumen wieder hergerichtet, bald sollen sie auch wieder besichtigt werden können, vorausgesetzt, die Queen ist abwesend. Schloß Windsor hat aber auch ohne diese Sehenswürdigkeit nichts von seiner Anziehungskraft verloren, ganz abgesehen davon, daß jenseits der Themse mit Eton die berühmteste Schulstadt Englands auch einen Besuch wert ist.

Wären nicht die Touristenmassen und die gerade in Heathrow gestarteten Jets, könnte man fast vergessen, wie nahe die Millionenstadt London ist.

Route ③: Durch die Grafschaften Kent und East Sussex

Dover – Canterbury – Maidstone – Royal Tunbridge Wells – Brighton – Eastbourne – Pevensey – Hastings – Hythe – Folkestone – Dover (240 Kilometer)

Ob Tunnel oder Fähre, wer bei Dover England erreicht, kann diese Tour als «Appetithappen» nutzen. Sie verspricht Historie, Baukunst, Königliches und Badefreuden. Das beginnt bereits in Dover (siehe Seite 142). Die A 2 nach Canterbury (siehe Seite 124) ist zwar durch die parallele Autobahn M 20 entlastet, aber viele Touristen planen auf dem Weg nach London einen Stopp am Bischofssitz ein.

Beim alten Marktflecken Feversham gehen die London-Fahrer meist auf die M 2, landschaftlich lohnender ist die A 2 bis Sittingbourne, um dort nach Maidstone abzubiegen. Die Hauptstadt der Grafschaft Kent, einst Bischofsresidenz, hat eine Reihe sehenswerter Gebäude. Die Attraktion ist aber das nahe Leeds Castle (13./14. Jh.). Das wohlproportionierte Schloß birgt nicht nur wertvolles Mobiliar, sondern auch ein Museum für Hundehalsbänder.

Royal Tunbridge Wells ist das nächste Ziel. Der 1909 von Eduard VII. «geadelte» Kurort ist seit dem 17. Jahrhundert ein Ziel des Königshauses. Die «Pantilenes», ziegelgedeckte Fußgängerstraßen, sollen auf einen Wunsch von Queen Anne zurückgehen. Quer durch Kent führt die reizvolle Straße nach Brighton (siehe Seite 122), in das bekannteste englische Seebad. Daß die Küste nicht immer nur Badegäste, sondern auch unerwünschte Besucher hatte, beweist in Newhaven das Fort. Heute ist die Festung ein Ausflugsziel für die Urlauber in Eastbourne (siehe Seite 143).

Bei Pevensey lohnt sich ein kurzer Abstecher nach Norden, zum Herstmonceux Castle. Aber auch Pevensey selbst ist eine Rast wert. Hier ging Wilhelm der Eroberer 1066 an Land, folglich steht hier auch eine Normannenburg. Der nächste größere Ort ist Hastings (siehe Seite 145). Rye, heute ein Ferienstädtchen, war im Mittelalter ein bedeutender Hafen; der Altstadt ist dies noch anzusehen.

Zwischen Rye und Hythe, früher ebenfalls ein historischer Hafen, heute eine stille Kleinstadt, breitet sich die Romney Marsh aus, eine bei Wanderern, Radlern und Bootsfahrern überaus beliebte Landschaft. Die Romney and Dymchurch Railway, die durch einen Teil der Marsh zuckelt, rühmt sich, die schmalste Schmalspurbahn der Welt zu sein. Hythes bekannterer Nachbar ist Folkestone, in dessen Nähe landeinwärts der Ärmelkanal-Tunnel in Richtung Frankreich «abtaucht». Von hier aus geht es zurück nach Dover.

Renaissancegrabmal in der normannischen Abteikirche von Romsey (Route zwei).

ROUTEN DURCH
ENGLAND UND
WALES

0   N   50 km

——————— Fährverbindung

················· Kanal

Route ④: Von Cardiff durch das südliche Wales

*Cardiff – Swansea – Carmarthen – Brecon – Abergavenny –
Monmouth – Hay-on-Wye – Chepstow – Newport – Cardiff
(290 Kilometer)*

Die Südküste von Wales zeigt die geschichtliche und wirt-
schaftliche Bedeutung der Region. Das wird auch in Cardiff
(siehe Seite 124) mit seiner Normannenburg und seinem Ha-

fen sichtbar. Entlang der Küste des Bristol Channel führt die
Straße nach Llantwit Major, seit dem 5. Jahrhundert ein geistiges Zentrum der Christenheit.

Bei der Industriestadt Bridgend ist wieder die Autobahn
M 4 von Cardiff nach Swansea (siehe Seite 154) erreicht.
Hinter Swansea empfiehlt es sich, statt auf der Autobahn auf
der Landstraße weiter nach Westen zu fahren: quer über

die Gower Peninsula nach Llanelly, ins Herz des walisischen Kohle- und Industrierevieres. Hinter der alten Hafenstadt Kidwelly geht es flußauf ins nahe Carmarthen, einst ein Normannenstützpunkt. Der Zauberer Merlin, eine Figur der Artus-Sagen, soll hier geboren sein. Für Literaturfreunde empfiehlt sich ein Ausflug nach Laugharne, zum Dylan-Thomas-Museum. Der Dichter ist in Laugharne begraben.

Von Carmarthen folgt die A40 dem Verlauf der römischen «Via Julia» ins bergige Hinterland nach Llandeilo, überragt von einer Burgruine, und Llandovery, wo einst der walisische

Robin Hood und Schelm Twm Sion Cati sein Unwesen trieb. Die Straße durchquert die Black Mountains und den Brecon Beacons National Park. Hauptort ist Brecon, dessen 600 Jahre alte Kirche 1933 als Kathedrale geweiht wurde. Sehenswert sind eine Burg aus dem 13. Jahrhundert, das Christ College sowie das County Museum. Noch ein Abstecher: Hay-on-Wye, nördlich von Brecon gelegen, hat dank Richard Booth weltweit Schlagzeilen gemacht: Der Antiquar rief das «unabhängige Königreich Hay» aus – ein kleines Bücherkönigreich ist aus dem Dorf mit rund 20 Antiquariaten wirklich geworden. Hinter Brecon zieht sich die A40 durch das Bergland nach Abergavenny und Monmouth. Hier wurde der Rolls-Royce-Mitbegründer und Flugpionier Charles Stewart Rolls geboren. Seine Mutter begann eine Lord-Nelson-Sammlung, die heute das Stadtmuseum ziert. Die Straße folgt nun dem River Wye bis zur Mündung in Chepstow an der Grenze zwischen England und Wales. Auf der Strecke nach Cardiff ist die Kathedrale von Newport, der drittgrößten Stadt von Wales, einen Besuch wert.

Route ⑤: Im Norden von Wales

Chester – Conwy – Bangor – Anglesey – Betws-y-Coed – Porthmadog – Barmouth – Dolgellau – Llangollen – Chirk – Chester (290 Kilometer)

Die Route durch Nordwales beginnt in England, in Chester. In der Stadt an der Grenze zu Wales sind die mittelalterlichen Bauten besonders gut erhalten, das gilt neben der Kathedrale vor allem für die «Rows», Fachwerkhäuser mit erhöhten Arkadengängen. Am Mündungstrichter des River Dee ragt die Burgruine von Flint über die Küste. Weiter nördlich beginnt die Reihe der Seebäder mit Rhyl, Colwyn Bay und Llandudno. Conwy besticht durch seine gut erhaltenen Stadtmauern und das elisabethanische Haus «Plas Mawr».

Bei Bangor verbindet eine Hängebrücke die schöne Insel Anglesey mit der Hauptinsel, die wichtigste Strecke hat den Irland-Fährhafen Holyhead zum Endpunkt. Ein Abstecher über Anglesey lohnt sich. Die größte Sehenswürdigkeit ist Beaumaris Castle, eine von Wassergräben umgebene massive Festung von 1295. In einem der Türme erklärt eine Ausstellung den Burgenbau jener Zeit. Auf dieser Insel liegt auch das Dorf mit dem denkwürdigen Namen Llanfairpwllgwyngyllgogerychwyrndrobwllllantysiliogogogoch.

Wer auf dem Hauptland weiterfährt, gelangt nach Caernarvon, dessen mächtige Burg unmittelbar am Wasser liegt. Wer sich statt dessen ins Landesinnere wendet, gelangt in den Snowdonia National Park (siehe Seite 153). In Betws-y-Coed im Zentrum des Parks wendet sich die Route wieder zur See, nach Porthmadog. Nahe bei dem Urlaubsort liegt Portmeirion, eine nach einem italienischen Dorf gebaute Feriensiedlung. Harlech bietet weite Blicke auf See und Berge, weiter südlich folgen das Seebad Barmouth und Dolgellau, wo Gold gefördert wird.

Quer durch den Nationalpark und vorbei am Lake Bala führt die Straße nach Llangollen, Schauplatz eines berühmten allsommerlichen Internationalen Folklore-Festivals. Chirk wird wegen seiner seit 1310 bewohnten, aber für Besucher dennoch offenen Burg viel besucht. Hier mündet die Straße durch den Snowdonia National Park auf die A438, die Straße zurück nach Chester.

Route ⑥: Eine Tour durch drei Nationalparks

Scarborough – Whitby – Darlington – Richmond – Penrith – Keswick – Windermere – Kendal – Wensley – Helmsley – Scarborough (460 Kilometer)

Drei Nationalparks liegen eng beieinander in der «Taille Nordenglands», zwischen Nordsee und Irischer See. Das Seebad Scarborough ist der Ausgangsort zu Touren durch den North York Moors National Park. In Pickering, wo eine Ruine von der normannischen Herrschaft zeugt, biegt die Route zur Hafenstadt Whitby ab. Dort geht es auf der A171 wieder landeinwärts in Richtung Darlington (wo die erste Eisenbahn fuhr) und Richmond, berühmt für sein Georgian Theatre Royal von 1788 und sein Theatermuseum.

Hinter Richmond empfiehlt sich die Nebenstraße entlang des Swale Dale River nach Kirkby Stephen, ehe es über die A66 nach Penrith geht. Die Stadt bietet die Chance zu einem geschichtsträchtigen Stopp am Tresen, denn im «Gloucester Arms Inn» zeigen die Wirtsleute gerne den Raum, in dem

Links: Beherrschend liegt das Conwy Castle über der gleichnamigen Bucht (Route fünf).

Rechte Seite: In Kent, dem «Garten Englands», gibt es zahlreiche guterhaltene mittelalterliche Burgen und Schlösser.

Von oben nach unten: Leeds Castle bei Maidstone (siehe auch Seite 38 oben), Scotney Castle, Dover Castle.

einst Richard III. nächtigte. Penrith ist die Pforte zum Lake District National Park (siehe Seite 147), Keswick ein vielbesuchtes Zentrum des Parks.

Die hier nach Süden abbiegende Straße wird wohl von allen Wordsworth-Verehrern eingeschlagen, denn in Grasmere ist nicht nur dessen Cottage, sondern auch das Grab des Dichters zu besuchen. Windermere gab dem größten See Englands seinen Namen, hier ist auch das Informationszentrum des Nationalparks. Im angrenzenden Bowness zeigt das Steamboat Museum alte Dampfschiffe.

Vom Lake District geht es bei der Schnupftabak-Metropole Kendal fast nahtlos über in den Yorkshire Dales National Park. Die «Dales», feuchte und oft sumpfige Täler, sind als Wandergebiet geschätzt. An der Straße durch das Wensley Dale liegt vor Wensley Bolton Castle, wo Maria Stuart einige Monate gefangen gehalten wurde. Südlich von Wensley, in Ripon, ist nicht nur die Kathedrale, sondern auch die Ruine der nahegelegenen Fountains Abbey besuchenswert.

Über Thirsk geht es zurück in die North York Moors. Kurz vor Helmsley liegt die teilweise zerstörte, aber dennoch eindrucksvolle Rievaulx Abbey, eine 1131 gegründete Abtei. Über Pickering geht die Fahrt zurück nach Scarborough.

Sehenswerte Orte und Landschaften von A bis Z

Ziffern im Kreis verweisen auf die Karte auf Seite 155.

Bath ①. Knapper und passender könnte ein Ortsname kaum sein: Bath war das klassische Bad der diesbezüglich verwöhnten alten Römer. Kaum hatten sie sich auf der britischen Insel eingenistet, begaben sie sich auf die Suche nach heißen und heilsamen Quellen. Im Südwesten wurden sie fündig. Sie nannten ihre Entdeckung nach der Quellengöttin «Wasser der Sul», auf lateinisch *Aquae Sulis*. Seither, mithin also seit fast zwei Jahrtausenden, ist Bath ein Ziel der Einheimischen und der Eroberer. Die Normannen errichteten eine Kathedrale, auf deren Fundamenten 1499 die *Bath Abbey* direkt neben den römischen Bädern gebaut wurde. Es sollten aber noch einige Jahrhunderte vergehen, ehe der berühmte Kurort sein nobles Erscheinungsbild erhielt: 1760 wurden die Mauern des Sham Castle oberhalb der Stadt hochgezogen, zu seinen Füßen entstanden jene eindrucksvollen georgianischen Bauten, auf die Bath zu recht sehr stolz ist, beispielsweise die *Assembly Rooms* (heute ein Modemuseum), die elegante *Pulteney Bridge* über den Avon oder das eindrucksvolle Halbrund des *Royal Crescent*, für manchen die architektonisch schönste Straße des Königreichs. Es waren wohlbetuchte Herrschaften, die sich einst in Bath niederließen – sie konnten sich die besten Baumeister leisten. Ehemalige hohe Offiziere zog es nach Bath, beispielsweise Lord Nelson oder Arthur Phillip, den Gründer der Kolonie Australien. Aber auch Schriftsteller wie Henry Fielding oder Jane Austen schätzten des Ortes gepflegte Atmosphäre, die sich auch heute im Strom der Touristen zu behaupten weiß. Im «Pump Room» des Roman Bath Museum wird es allerdings bisweilen ungemütlich eng, wenn Musiker zu Klassik oder Jazz aufspielen.

121

Birmingham ②. Übergehen kann man Großbritanniens zweitgrößte Stadt zwar nicht, aber man muß auch eingestehen, daß die Industriemetropole nicht gerade vor Sehenswürdigkeiten strotzt. Ihre ansehnlichsten Bauten entstanden im 19. Jahrhundert: Die *Town Hall*, dem Castor- und-Pollux-Säulentempel in Rom nachempfunden, und das *Council House* mit seinem hohen Glockenturm, freundlich «Big Brum» genannt. Bekannter ist zumindest in England das Einkaufszentrum *Bull Ring*. Man tut der Stadt allerdings Unrecht, wenn man nicht erwähnt, daß sie ein reges Kulturleben pflegt. Ihr

Name vermuten läßt. Bournemouth wurde erst 1812 gegründet. Aber dank seines schönen Strandes, seines milden Golfstromklimas und seiner Parks machte sich der Kurort in der Heidelandschaft schnell einen Namen. Der stets kränkelnde Schriftsteller Robert Louis Stevenson (1850–1894) trug dazu bei, er suchte in Bournemouth Linderung. Hier entstanden unter anderem «Die Schatzinsel» und «Dr. Jekyll und Mr. Hyde». Das Haus auf der Klippe, in dem der Poet lebte, ist zwar im Krieg zerstört worden, an dieser Stelle erinnert aber heute eine Gartenanlage an den Autor. Dort steht auch der

Wie aus «Tausendundeiner Nacht»: Der Royal Pavilion in Brighton, den nicht ein indischer Maharadscha, sondern der Prince of Wales und spätere König Georg IV. 1787 errichten ließ.

Symphonie-Orchester gehört zu den besten des Landes, ihre Museen und Kunstsammlungen (City Museum and Art Gallery, Museum of Science and Industry) verdienen den Besuch, die *Central Library* besitzt die weltweit größte Shakespeare-Bibliothek und die zwei Universitäten tragen nicht nur wissenschaftlich zur Kultur bei. Was kann man in einem Zentrum der Metallindustrie mehr verlangen?

Blackpool ③. Kleinstädtisch ist er nicht gerade, der Badeort an der Irischen See, und im sommerlichen Ferientrubel wird Blackpool sogar zu einer der größten Städte Englands. Es ist bezeichnend, daß gerade hier die größte und steilste Achterbahn des Königreichs zum atemberaubenden Vergnügen bittet – eine Konkurrenz für das Wahrzeichen der Stadt, den knapp 160 Meter hohen Aussichtsturm.

Bournemouth ④. Das Seebad an der Ärmelkanal-Küste, genau «gegenüber» der französischen Normandie-Halbinsel gelegen, hat nicht die lange Geschichte, die der berühmte

Nachbau des schottischen *Skerrivore-Leuchtturms*, ein Hinweis auf den Namen, den Stevenson seinem Haus gab – ein Tribut an des Dichters Vater, der das Original erbaut hatte. Im Gegensatz zum jungen Bournemouth ist das angrenzende Seebad *Poole* bereits 1180 als Hafen gegründet worden. Entsprechend attraktiv ist seine Altstadt, in zwei mittelalterlichen Häusern haben das Heimatmuseum und ein Seefahrtsmuseum ihre passende Bleibe gefunden.

Brighton ⑤. In ihren Werbebroschüren rühmen die Briten Brighton als «Englands elegantestes Seebad». Das werden zwar manche Konkurrenten an der Küste nicht gerne hören, aber berechtigt ist dieses Urteil schon. Wo sonst hat schon ein Prinz, der spätere König Georg IV., einen *Royal Pavilion* (1787) errichten lassen, und das im Stil eines indisch-malaiischen Palastes? Der aufwendig restaurierte Mini-Palast ist im Inneren teilweise mit chinesischen Möbeln ausgestattet; ein Teil der Originaleinrichtung, die in andere königliche Schlösser transportiert worden war, ist wieder nach Brighton zu-

Ist das Hotel vielleicht doch eher eine französische Erfindung, wofür man es halten möchte, vor allem wenn man es noch vornehm «Hôtel» geschrieben findet? Und die Hosteß? Und das Hospital? Sie stammen alle aus der gleichen lateinischen Quelle. Und wann ein Franzose seine «auberge», ein Deutscher sein «Gasthaus», ein Engländer sein «inn» anfing «Hotel» zu nennen, blieb schließlich ihnen überlassen. Nach dem maßgeblichen, dem Oxford English Dictionary taucht das Wort «hotel» an Stelle von «inn» zum ersten Male 1765 auf, kurioserweise im gleichen Jahr, in dem der 29jährige Schotte James Watt (1736–1819) die Dampfmaschine erfand. Ein engerer Zusammenhang ergab sich erst später. Zunächst einmal war es ein Werbetrick. Eine Herberge, die sich Hotel nannte, wollte höher hinaus; dabei blieb sie, was sie schon in biblischen Zeiten war: ein mehr oder meistens minder komfortables Haus, wo Reisende ein Nachtlager, etwas zu essen und ziemlich viel zu trinken vorfanden. Was nur den Pferden wirklich gut tat. Man reise ja hoch zu Roß oder in der ratternden Kutsche. Siebzig Jahre später jedoch war die Dampfmaschine so weit entwickelt, daß sie Eisenbahnzüge auch

VERY BRITISH: DAS HOTEL

und das «Victoria», 1863 «Charing Cross». «Great Westerns» und danach «Great Easterns» allenthalben. Im Laufe der nächsten fünfzig Jahre boten sich drei Gruppen von Reisenden besonders an: 1. die Herr-

1886 in London das «Hotel Cecil», mit achthundert Zimmern das größte Europas. Der berühmte Impresario Richard d'Oyly-Carte baute neben seinem florierenden Theater 1889 das «Savoy Hotel», und er holte sich dafür den Schweizer César Ritz, der Europas berühmtester Hotelier werden sollte. Beinahe gleichzeitig wurden von den Savoy-Besitzern «Claridge's» und «The Berkeley» so aus- und umgebaut, wie es die neue Clientèle verlangte. Da mußten Badezimmer sein und elektrisches Licht und aller damals moderne Luxus. Nehmen wir dazu das auch in jener Zeit aufgemöbelte «Connaught», dann haben wir damit vier Hotels, die noch heute zu den besten Europas zählen. Nicht weniger anspruchsvoll als die Gäste vom Lande waren die Badereisenden. Quellwasser oder Meereswasser zu trinken war im 18. Jahrhundert die Krankenkur des reichen Mannes geworden. Und nachdem ein König, Georg III. (1760–1820), bei Weymouth ins Meer gewatet war, galt auch das Umspültwerden von Wasser als gesund. Brighton wurde das Seebad der großen Welt – bis man es 1841 von London aus mit der Eisenbahn erreichen konnte. Da kamen dann auch die weniger großen Leute, und das in Massen. Königin Viktoria fuhr einmal hin – und nie wieder. Statt dessen fuhr sie 1897 an die französische Riviera, die gerade den Namen Côte d'Azur angenommen hatte, und wohnte in Nizza der feierlichen Eröffnung des «Grand Hotel Excelsior Regina» bei. Sie war nicht die erste. Mehr als hundert Jahre vor ihr schon hatte der englische Romancier Tobias Smollet durch seine Beschreibung die Riviera für reiche Engländer interessant gemacht. Aber er war immerhin noch auf ärztlichen Rat hingefahren. Die Engländer, die nach ihm kamen, flohen vor den Novembernebeln der Insel und suchten Zerstreuung, Vergnügen bei Spiel und Tanz. Grand Hotels haben es inzwischen schwer in einer Zeit, in der es beinahe so ruinös geworden ist, sie zu besitzen wie darin zu wohnen. Aber wieder haben sich die Engländer am besten aus der Affäre gezogen. Auch heute steht das größte europäische Hotel in London, das «Regent Palace» mit mehr als tausend Zimmern. Und die größte Kette von Hotels, die zeitgemäße Form des Beherbergens, wurde in England gegründet: «Trusthouse Forte» besitzt heute mehr als achthundert Hotels; darunter sogar ein paar, die, wie das «Pierre» in New York oder das «Plaza Athénée» in Paris, «grand» genannt werden könnten. *Rudolf Walter Leonhardt*

Oben: Rendezvous im «Savoy», Zeichnung von M. Cowper in «Queen», 1905.
Unten: Der Palmenhof im «Cecil», Zeichnung von C. E. Turner in «The Lure of London», 1927.

über längere Strecken ziehen konnte. Und da es am Anfang weder Schlaf- noch Speisewagen gab, waren die Reisenden am Ende sehr erschöpft. Für sie entstanden, vor allem in London, die ersten Hotels, die man nun wirklich nicht mehr «inns» nennen konnte: riesige Kästen mit vielen Zimmern, mit Vestibül und Foyer, mit Speisesaal und Bar sowie mit einem Troß von Bediensteten: 1838 das «Euston»

schaften, die nach feiner englischer Art auf dem Lande wohnten, aber ein paar Tage in London verbringen wollten; 2. die Kranken auf der Suche nach heilendem Wasser; 3. die Vergnügungsreisenden. Die erste Gruppe war bis dahin in den Clubs untergebracht worden. Die jedoch reichten bald nicht mehr aus; auch sperrten sie sich gegen Frauen und Kinder. Ein «home from home» wurde gesucht. So entstand rückgekehrt. Nicht minder attraktiv sind für die Badegäste aber die Seepromenade, die bis zum Nachbarort Hove reicht, und der fast 100 Jahre alte *Palace Pier*, der mehr als einen halben Kilometer ins Meer hinausragt und auf dem getreu englischer Tradition zahlreiche Vergnügungsstätten den Bummel über See noch unterhaltsamer machen. Vorausgesetzt, man findet es unterhaltsam, sich an jaulenden und quietschenden Spielautomaten zu betätigen.

Bristol ⑥. Die Hafen- und Werftenstadt an der Westküste ist im Krieg schwer zerstört worden. Dennoch hat Bristol sehr viel Sehenswertes zu bieten, etwa die *Kathedrale* von 1140, eine Reihe stattlicher georgianischer Bauten oder das schmucke *Theatre Royal*, das seit seiner Eröffnung anno 1766 ununterbrochen bespielt wird. Zu literarischem Ruhm brachte es hingegen eine Hafenkaschemme, die den Namen «Llandoger Trow» trägt, aber allen «Schatzinsel»-Lesern als «Spyglass» vertraut ist. Doch es waren nicht nur die fiktiven Schatzpiraten, die in Bristol zu großer Fahrt aufbrachen: Im Bristol Channel lief 1497 Giovanni Caboto in Richtung Westen, in unerforschte Meere aus. Der Italiener in englischen Diensten, der deshalb John Gabot genannt wurde, erkundete vermutlich als erster Europäer die kanadische und nordamerikanische Küste. Ein Turm auf dem *Brandon Hill* erinnert an den Seefahrer. Gabots sorgfältige Aufzeichnungen erleichterten fortan zahllosen Kapitänen, die von Bristol aus Kurs auf die Neue Welt nahmen, die seemännische Arbeit. Unter ihnen war auch William Penn, von dessen Gründerruhm der US-Staat Pennsylvania zeugt.

Cambridge ⑦. Vielen gilt Cambridge als die schönste Universitätsstadt Europas, aber die ewigen Rivalen in Oxford sehen das natürlich ganz anders. Wie auch immer, die gut zwei Dutzend *Colleges* der im 13. Jahrhundert gegründeten Hochschule sind die Hauptsehenswürdigkeiten der kleinen Stadt an den grünen, «Backs» genannten Ufern des *River Cam*. Die schlichte Brücke, die der Stadt ihren Namen gab, existiert nicht mehr. Um so stolzer sind Cambridges Bürger dafür auf ihre Seufzerbrücke (nach venezianischem Vorbild) und auf ihre mittelalterliche *Clare Bridge*. An einem sonnigen Sommertag im Boot unter ihnen hindurchzugleiten, ist eine der erinnerungsträchtigsten Arten, die Reihe der Colleges zu betrachten. Aber auch ein Bummel durch ihre Höfe ist ein touristisches «Muß». Fast alle College-Bauten sind mehrere hundert Jahre alt. Zu den eindrucksvollsten Lehranstalten zählen das *Queen's College* (Mitte 15. Jh.) und das *King's College*, dessen mächtige, 1515 vollendete Kirche (bescheiden «Chapel» genannt) zu den herausragenden Sakralbauten Englands gehört. Daß die Stadt trotz ihrer steinernen Würde ein quirliges Gemeinwesen ist, verwundert angesichts der Tausende von Studenten nicht.

Canterbury ⑧. Die Römer gründeten sie zwar, aber erst mit dem Christentum wurde die Stadt bedeutend: Anno 597 begann der heilige Augustinus hier die Missionierung der Angelsachsen, aus seinem Kirchen-Grundstein erwuchs eine der sehenswertesten *Kathedralen* der Welt. Im Mittelalter, das die Stadt heute noch prägt, war der Sitz des Erzbischofs von Can-

terbury auch ein politisches Machtzentrum. Der von König Heinrich II. angezettelte Mord an Erzbischof Thomas Becket – 1170 in der Kathedrale – machte Canterbury zu einem der großen Pilgerziele der damaligen Welt. Geoffrey Chaucer, der 1386 in seinen «Canterbury Tales» solch einen Pilgerzug beschrieb, schuf damit auch eines der ersten Werke englischer Hochliteratur. Heinrich VIII. ließ 1538 den wertvollen Sarkophag Beckets in der Kathedrale zerstören, sie blieb dennoch und bis heute das spirituelle Zentrum der anglikanischen Kirche. Aber nicht nur die Kathedrale, auch die kleine Stadt ist einen Besuch wert: Die *Old Weavers Houses* am Stour waren einst die Quartiere hugenottischer Seidenweber. Das *Poor Priest's Hospital* birgt heute eine Ausstellung zur Geschichte der Stadt. Hinter den Mauern des *West Gate* von 1381 fand eine Waffensammlung Platz, von den Zinnen des Stadttors bietet sich ein schöner Blick über Canterbury.

Cardiff ⑨. Die Hauptstadt von Wales liegt tief im Süden des Fürstentums, am *Bristol Channel*, einem weit ins Land ragenden Meeresarm. Schon die Römer schätzten die strategisch günstige Lage und errichteten hier ein Kastell, auf dessen Grundmauern 1081 *Cardiff Castle* entstand. Die Burg inmitten der Stadt ist im Lauf der Jahrhunderte gewachsen, ihre viktorianischen Bauelemente wurden erst nach 1866 vom damals berühmten Baumeister William Burges hinzugefügt. Die Geschichte der Festung und der Stadt (die erst 1955 zur walisischen Hauptstadt wurde) sind auch Themen der Sammlung im *National Museum of Wales*. Auch an sakraler Kunst mangelt es nicht: Die Hafenstadt kann gleich mit zwei Kathedralen aufwarten. Die mittelalterliche *St David's Cathedral* ragt mitten im Stadtzentrum über die Häuser hinaus. Eine noch ältere Kathedrale, die auf dem Gelände eines Klosters aus dem 6. Jahrhundert und den Resten einer Normannenkirche von 1120 entstand, ist die *Llandaff Cathedral* im gleichnamigen Stadtteil.

Channel Islands ⑩. Die fünf Inseln im Ärmelkanal, die weitaus näher an Frankreich als an Großbritannien liegen, sind eine eigenwillige Mischung aus englischer und französischer Lebensart. Alle fünf legen aber Wert darauf, eigenständig zu sein, wenn auch aus historischen Gründen unmittelbar der Krone zugeordnet. Die Inseln sind somit auch kein Teil Englands. Sie verwalten sich weitgehend selber und sind bei den Steuern wesentlich zurückhaltender als die Hauptinsel. Das ist, neben den Badestränden und der französisch inspirierten Küche, ein guter Grund für einen Urlaub auf *Jersey* oder *Guernsey*. Womit die größten und meistbesuchten Inseln der Gruppe genannt sind; *Sark, Alderney* und *Herm* können daneben zu recht als Inselzwerge bezeichnet werden. Sark und Herm sind ein beliebtes Ziel der Ausflugsdampfer, abends wird es aber wieder ruhig in ihren Gassen. Das gilt um so mehr für das etwas abgelegenere Alderney, dort ist der Gemüseanbau noch wichtiger als der Tourismus. Aber auch auf den Hauptinseln konzentrieren sich die sommerlichen Besucherscharen vornehmlich auf die Inselränder.

In den Hauptstädten von Jersey und Guernsey, *St Helier* und *St Peter Port*, wird angesichts der vielen Firmenschilder deutlich, daß die Ferieninseln zugleich ein internationales

Fortsetzung Seite 142

Die Yorkshire-Abteien Fountains, Furness, Jervaulx, Byland, Whitby und Rievaulx (im Bild) waren einst mächtige Kloster, von denen die Kultivierung des nördlichen England ausging (siehe auch Seite 10).

Nächste Doppelseite: Gleich zwei kunsthistorisch bedeutende Bauwerke aus der Normannenzeit können in Durham besichtigt werden – die grandiose Kathedrale (rechts) und das nicht minder eindrucksvolle Schloß (links).

Zeugen einer großen
Vergangenheit: Die
lebensgroßen goti-
schen Königsstatuen
im Chor des Mün-
sters von York.

Im Münster von
Beverley. Die Kirche
gehörte früher zu
den bekanntesten
Pilgerstätten Nord-
englands.

York Minster aus dem 11. bis 15. Jahrhundert ist eine der großen Kathedralen Englands. Nach dem Brand im Jahr 1984 erstrahlt das Gotteshaus heute wieder in frischem Glanz.

Nächste Doppelseite: Im Hipswell Moor. Das Landschaftsbild des Yorkshire Dales National Park bestimmen Hochmoore und die Dales, weite Täler mit üppigen Weideflächen.

Wanderer im Lake District, dem beliebtesten Erholungsgebiet des Landes.

Zwei typische Landschaftsbilder des Lake District: Bei Castle Rigg (oben) und am Derwent Water (unten).

Nächste Doppelseite: Blick auf den Hafen von Whitby, auf der Anhöhe rechts die Ruine einer mittelalterlichen Abtei. In dieser Stadt an der Nordsee lernte der Seefahrer und Entdecker Captain James Cook sein Handwerk.

Chester ist Englands besterhaltene mittelalterliche Stadt. Hier kann man Fachwerkhäuser noch in ganzen «Rows», Straßenzügen in einheitlichem Stil, sehen.

Little Moreton Hall in Cheshire. Die Fachwerkhäuser aus der Renaissancezeit lassen den damaligen Reichtum der an den Flüssen Dee und Mersey gelegenen alten Handelsstadt erahnen.

The Priest's House in Prestbury ist ein besonders reizvolles Beispiel der Fachwerkarchitektur der Tudor-Epoche.

Nächste Doppelseite: Strandpromenade von Blackpool, dem quirligen Seebad am Atlantik. Der Aussichtsturm aus Eisen, Stahl und Beton wurde 1894 errichtet.

Die Town Hall von Manchester. An den Wohlstand früherer Zeiten, als die Stadt das Zentrum der englischen Textilindustrie war, erinnert noch eine Reihe weiterer monumentaler öffentlicher Gebäude.

«Love Me Do» sangen sie bei ihrem ersten kurzen Vorstoß in die Hitparaden, die vier Burschen aus Liverpool, die sich *The Beatles* nannten. Man schrieb das Jahr 1962. Aus den USA schwappte der Rock 'n' Roll nach Europa und Englands Blues- und Skiffle-Tradition schien völlig aus der Mode zu geraten. Doch dann drängten sich im «Cavern Club» in Liverpool die Bands, die alle diese Tradition aufgriffen und dennoch etwas völlig Neues schufen, den «Merseybeat: *The Searchers*, *Garry and the Peacemakers* und eben John, Paul, George und Ringo. Lennon und McCartney schrieben damals «I Wanna Be Your Man» für eine Gruppe namens *The Rolling Stones*.

Aber es war noch nicht die Stein-Zeit. Erst mußte die Beatlemania ausbrechen und wie ein Virus um die Welt kreisen. Ende 1963 brachten die «Fab Four» den Song «I Want to Hold Your Hand» heraus und verkauften binnen dreier Tage eine Million Schallplatten. Das ehrwürdige Königreich war endgültig zum Nabel der jungen Welt geworden. Immer neue Gruppen stürmten den Beat-Himmel über London. Aus Manchester kamen die *Hollies*, aus Newcastle die *Animals*. Die rotzigen *Stones* wurden binnen kurzen die *bad boys* der Szene, mochten *The Who* auch bei jedem Auftritt ihre Instrumente zerlegen. Den *good boys*, den *Beatles*, wurden Orden als «Members of the British Empire» angeheftet, was die Truppe nicht davon abhielt, bei einem Konzert aufzufordern: Die hinten sollen klatschen, die vorne können mit den Klunkern klappern.

Erst als 1967 die Flower-power-Szene erblühte, war Kalifornien, waren die USA wieder eine Konkurrenz für die englische Musikszene. Auch an der Themse gab es einen Stilwandel, sanfte Stimmen wie die von *Donovan*, *Cat Stevens* oder der Gruppe *Procol Harum* gaben nun den Ton an. Die Richtung bestimmten aber immer noch die *Beatles*: Ihr Album «Sgt. Pepper's Lonely Hearts Club Band» sollte ein Meilenstein in der Pop-Geschichte werden. Deren Kapitel wurden auch in den siebziger Jahren in London weitergeschrieben, von Künstlern wie *Elton John*, *Rod Stewart*, *David Bowie*, *Peter Gabriel* oder *Phil Collins*, von Gruppen wie *Led Zeppelin*, den *Faces*, *Pink Floyd*, *Fleetwood Mac*, *Deep Purple* oder *Queen*.

Mochten letztere ihren Namen noch als Huldigung an ihre Monarchin verstehen, so gab es 1977 nichts mehr mißzuverstehen, als die *Sex Pistols* auf der Plattenhülle ihrer Königin eine Sicherheitsnadel durch die Nase zogen. Das war Punk. Und wie-

ROCK, POP, PUNK UND RAP

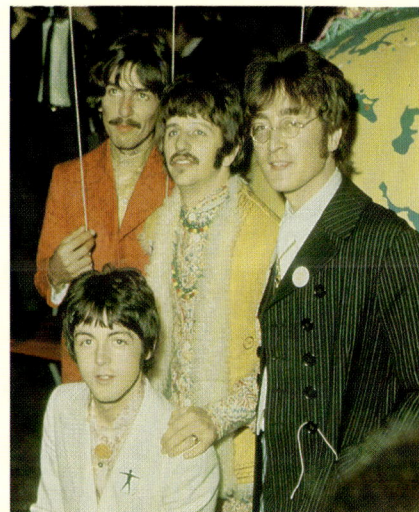

der war in England eine neue Musik geboren worden. Und wieder, wie schon zu Beat-Zeiten, kreierte die Londoner Szene eine passende Mode: statt Minirock nun Fetzen, statt «flowers in your hair» nun schrillgrüne Irokesenbürsten. Und wieder gab es eine neue, nicht minder entsetzte Elterngeneration.

Die achtziger Jahre begannen mit einem Schock: John Lennon wurde in New York erschossen. Die heile Welt des Rock hatten zwar schon spätestens die Punks auf-

gekündigt, jetzt aber nahmen einige Musiker wieder gezielt ihre soziale Umwelt ins Visier: *UB 40* nannte sich nach einem Formular für Arbeitslose, Bob Geldof gründete «Band Aid», um mit Konzerteinnahmen den Verhungernden in Äthiopien zu helfen. Später wurde daraus «Live Aid», eine weltweite Hilfsaktion.

Die Beat-Ära löste sich mit den neunziger Jahren auch auf den königlichen Inseln in zahllose Stilrichtungen wie Techno, Rap und Hip Hop auf. Die Songs der sechziger, siebziger und achtziger haben sich zu Klassikern gewandelt, die englische Pop-Geschichte hat sich ihre eigenen Denkmäler geschaffen. In Liverpool bieten Touristikfirmen Sightseeingtrips zu den einstigen Beat-Clubs und anderen Erinnerungsstätten an die Beatles & Co an. In London pilgern nicht nur altgewordene Teenager, sondern auch Kids von heute zur Abbey Road 3, wo die *Beatles* in einem Tonstudio viele ihrer Titel aufnahmen und den Zebrastreifen vor dem Haus zu einem Platten-Cover voll vermeintlicher Geheimnisse benutzten. Der «Marquee Club» in Soho, in dem wohl fast alle britischen Beat-Heroen aufgetreten sind, ist noch «in full swing». Und im «Barnes Common» legen die Fans von Marc Bolan (*T. Rex*) immer noch Blumen an dem Baum nieder, an dem der Musiker 1977 bei einem Autounfall starb.

Klaus Viedebantt

Zwei englische Gruppen stehen am Anfang der Pop- und Rockmusik in den sechziger Jahren: Die Beatles («the good boys») und die Rolling Stones («the bad boys»).

Steuerparadies sind. Beide Städte sind aber auch ohne Geld-koffer einen Besuch wert, wie ohnehin die große Mehrzahl der Besucher wegen der schönen Landschaft und des milden Golfstromklimas anreist.

Coventry ⑪. Die mittelalterliche Stadt, die sich im 19. Jahr-hundert zu einem der wichtigsten Industriezentren Englands entwickelt hat, ist am 14. November 1940 von deutschen Bombern fast völlig zerstört worden. Zu den Opfern des An-griffs zählte auch die schöne alte *Kathedrale*, von ihr blieb nur der Turm erhalten. Neben ihm errichtete nach dem Krieg der Architekt Sir Basil Spence einen modernen Neubau. Eine Reihe von Künstlern und – im Rahmen eines Versöhnungs-werks – viele junge Deutsche wirkten am Bau mit. Auch ei-nige der kriegsbeschädigten historischen Fachwerkbauten konnten rekonstruiert werden, so die *Hospitäler Bond's* und *Ford's*. Das beliebteste Fotomotiv der Stadt ist jedoch das Rei-terstandbild von *Lady Godiva*. Sie ritt, so eine Chronik von

1230, nur mit ihrer Haarpracht bedeckt durch die Stadt. Vor-angegangen war ein Entschluß des Grafen, seine Stadt mit ei-ner drückenden Steuer zu belegen. Die ihm anvertraute Lady bat ihn, den Plan aufzugeben. Gewiß, das wolle er, wenn seine Ehefrau unbekleidet durch Coventry trabe. Er kannte seine Gemahlin wohl nicht so recht …

Dartmoor Forest ⑫. Nebelschwaden liegen über dem wei-ten, unheimlichen Moor – das Bild kennt man aus zahllosen Filmen. Hier, im Herzen der Halbinsel Cornwall, liegt Eng-lands berüchtigtes Gefängnis für die Lebenslänglichen. Im Rathaus von Princetown informiert eine kleine Schau über die 1806 erbaute Haftanstalt. In dieser Kleinstadt schrieb auch Sir Arthur Conan Doyle seinen gruseligen Roman «The Hound of the Baskervilles» (1902). Typischer als Bluthunde sind für diese abwechslungsreiche Landschaft (seit 1949 ein Nationalpark) jedoch die halbwild lebenden Dartmoor-Ponies. Dartmoor war schon in prähistorischer Zeit besiedelt, wie mehrere Fundstätten beweisen.

Dorchester ⑬. *Maiden Castle* heißt Europas größtes prähi-storisches Kastell, das Dorchester als eines der sehr alten Sied-lungsgebiete in England erkennen läßt – Jahrhunderte, bevor die Römer ihr Amphitheater bauten, lebten hier schon Men-schen. «Maiden Castle» ist auch der Titel eines 1937 veröf-fentlichten Romans von John Cowper Powys, einem der drei Powys-Brüder, die ihrer Heimatstadt literarische Denkmäler setzten. Den Ruhm des größten Sohns der Stadt müssen sie allerdings dem 1840 geborenen Schriftsteller Thomas Hardy überlassen, auch wenn er seine Vaterstadt in seinen Romanen stets Casterbride nannte. Im *Dorset County Museum* sind viele der Hardy-Manuskripte gesammelt. Das Museum, das viele Zeugnisse aus der Zeit der alten Römer gesammelt hat, kann auch mit einer Dinosaurier-Ausstellung aufwarten – und das nicht erst, seit es modisch ist, Dinos ganz toll zu finden.

Dover ⑭. Keine Stadt Englands liegt näher am Kontinent. So war es nur logisch, daß die Römer um 50 n. Chr. hier einen Leuchtturm setzten (die Reste sind im *Dover Castle* zu besich-

Die Kanalinseln Jersey, Guernsey, Alderney, Sark und Herm sind gut besuchte Ferienziele.

Links: Burg Gorey auf Jersey.

Rechte Seite: St Peter Port auf Guernsey, ein beliebter Anlege-platz für Jachten auch aus französi-schen Häfen.

Ländern Europas genießt, wenn es gilt, einen Ort für den Sprachunterricht auszuwählen. Ob die Sprachkraft eines George Bernard Shaw auf die Englisch-Schüler abfärbt, mag dahingestellt sein. Gewiß ist aber, daß der spöttische Autor hier ebenso Erholung suchte wie George Orwell, Charles Darwin und Friedrich Engels. Nachdem Engels 1895 gestorben war, wurde seine Asche seinem Wunsch gemäß ins Meer gestreut. Dies geschah vor *Beachy Head* bei Eastbourne, einer viel besuchten 180 Meter hohen Kalkklippe, zu deren Füßen ein Leuchtturm im Ärmelkanal steht.

Exeter ⑯. Zecher aller Zeiten werden die Enge der *Martin's Lane* («Englands schmalste Straße») geschätzt haben, wenn sie im «Ship Inn» ein paar Becher zuviel hatten. Ob auch Francis Drake, der später geadelte Freibeuter der Krone, nach seinen Abenden in der fast 500 Jahre alten Kneipe torkelte, ist nicht bekannt. Exeter hält auf seine seemännische Tradition: Vor den alten Lagerhäusern am *River Exe*, dem heutigen

Mitte: An der Strandpromenade von Eastbourne. Im Hintergrund die Seebrücke.

tigen), die englischen Kreuzritter sich hier vor der Abreise sammelten und seither an der Meerenge bei den weißen Klippen von Dover Millionen Menschen in beiden Richtungen übersetzen. Dover ist Großbritanniens wichtigster *Fährhafen*, eine Position, die nach der Auffassung optimistischer Stadtväter auch neben dem neuen *Eisenbahntunnel* unter dem Kanal erhalten bleibt. Diese Gefahr für den Hafen läßt sich nicht mit den massigen Mauern der Normannenburg auf dem mehr als 100 Meter hohen Felsen abwehren. Ähnlich skeptisch blickt auch der benachbarte Fährhafen *Folkestone* in die nahe Tunnelröhre. Folkestone hofft aber, das Minus, das sich möglicherweise im Fährverkehr ergeben wird, durch den Fremdenverkehr ausgleichen zu können.

Eastbourne ⑮. Seit nahezu 200 Jahren erfreut sich der Badeort an der Kanalküste der ungebrochenen Beliebtheit jener Briten, die nicht an spanischen, sondern an den eigenen Stränden Erholung suchen. Jüngeren Datums ist hingegen die Beliebtheit, die Eastbourne unter Jugendlichen aus allen

Maritime Museum, haben mehr als 75 historische Schiffe aller Art für immer festgemacht. Der nahe der Flußmündung gelegene Hafen war schon zu römischen Zeiten ein wichtiger und schützenswerter Umschlagplatz, davon zeugen Reste der Stadtmauer. Unter normannischer Herrschaft wurde der Hafen mit der Festung *Rougemont* gesichert. Von der Burg sind heute nur noch Ruinen erhalten. Unversehrt ist hingegen das schmucke *Zollhaus* von 1681. Als Bauwerk steht es allerdings ein wenig im Schatten der bekannteren *Kathedrale St Peter*, deren Fächerdecken-Gewölbe zu den größten und schönsten der Welt gehören.

Felixstowe siehe *Harwich*

Folkestone siehe *Dover*

Glastonbury ⑰. Für Mystiker und König-Artus-Fans ist die Stadt in der Grafschaft Somerset eine wichtige Adresse, soll doch der sagenhafte Herrscher in Glastonbury begraben sein.

Andere glauben, die geheimen Kräfte der Kelten zu spüren, die sich hier wahrscheinlich als erste niedergelassen haben. Wiederum andere spirituell geprägte Zirkel sind sicher, daß Glastonbury von Joseph von Arimathaia gegründet wurde. Im Zentrum all dieser Vermutungen und Behauptungen ist der *Glastonbury Tor*, ein 140 Meter hoher, turmbewehrter Hügel, der als einer der magischsten Plätze der Insel gilt. Aber auch für weniger am Gral und seinen Mythen interessierte Reisende ist die Stadt einen Stopp wert, sei es wegen der Ruine der *Glastonbury Abbey*, errichtet über einer bereits im Jahr 601 gebauten Kirche, sei es wegen der mittelalterlichen Bauten oder wegen der Kathedrale aus dem 12./13. Jahrhundert im nahen *Wells*, deren Westfassade mit mehr als 400 Statuen und Skulpturen geschmückt ist. Mit den zur Kathedrale gehörenden Nebengebäuden besitzt Wells den größten kirchlichen Komplex in einer englischen Stadt. Eines der Gebäude, der Bischofspalast (1206), grenzt an einen Wassergraben, in dem die Schwäne seit mehr als einem Jahrhundert eine Glocke ziehen, um an ihre Fütterung zu erinnern.

Great Yarmouth ⑱. Auf einer Landzunge, die der *River Yare* vor seiner Mündung in die Nordsee bildete, liegt eines der bekanntesten Seebäder an der englischen Ostküste. Mit der wachsenden Zahl von Badegästen ist aus dem einstigen Fischerdorf eine Stadt geworden, deren Reiz nicht nur der fast zehn Kilometer lange Strand ausmacht. Auch die *Altstadt*, nach ihren engen Gassen «Rows» genannt, ist trotz schwerer Kriegszerstörungen eine Sehenswürdigkeit. In den teilweise noch aus dem 13. bis 17. Jahrhundert stammenden Häusern haben mehrere Museen ihr Domizil gefunden. Eines der meistbesuchten ist das *Seefahrtsmuseum* mit einer großen Sammlung von Modellschiffen. Nahe der Stadt zeugt *Burgh Castle*, dessen erste Wälle um 300 entstanden, von der in allen Epochen strategischen Bedeutung der Flußmündung. Great Yarmouth ist auch der Ausgangspunkt für Touren in die *Norfolk Broads*, ein ausgedehntes Torfrevier mit mehr als 300 Kilometern Seen, Flüssen und Kanälen. Die Broads sind eines der meistbesuchten Wassersportreviere Englands, besonders beliebt sind sie bei den Freizeitkapitänen der Kabinenboote, die jedermann mieten und ohne Bootsführerschein steuern kann.

Hadrian's Wall ⑲. Nachdem die Römer England erobert hatten, sicherten sie das Land gegen schottische Angreifer durch zwei bewachte Wälle und Mauern. Der südlichere wurde als Hadrian's Wall bekannt, er verläuft von einem Dorf in der Nähe von *Newcastle* an der Nordsee bis fast nach *Carlisle* an der Irischen See. Die Bauarbeiten dauerten von 122 bis zum Jahr 139. Die knapp 118 Kilometer lange Grenzbefestigung ist nicht identisch mit der englisch-schottischen Grenze, diese verläuft weiter nördlich. Der Wall, der einst bis zu sechs Meter hoch war, ist an vielen Orten abgetragen und als Baumaterial genutzt worden; heute ist er selbst an den höchsten Stellen niedriger als zwei Meter. Der Wall wurde einst in regelmäßigen Abständen durch Wachtürme und Kastelle überwacht, die Grundmauern mehrerer großer Forts sind in den letzten Jahren restauriert worden. Einige Abschnitte der Wallanlage stehen heute unter Denkmalschutz.

Archäologen haben festgestellt, daß die Wälle – im Osten hauptsächlich aus Stein, im Westen aus Erdreich – mehrfach und an verschiedenen Stellen von Feinden überrannt worden sind. Das wird sichtbar durch spätere Ausbesserungen.

Ferienstimmung in den Norfolk Broads: Segelboote liegen an der Horsey Mill vor Anker.

Harrogate ⑳. In älteren Reiseberichten wird die Stadt im Norden Englands noch als vornehmes Kurbad geschildert. Die eisen- und schwefelhaltigen Quellen sprudeln zwar im *Fountain Court* noch wie einst, aber der Kurbetrieb spielt mittlerweile in Harrogate kaum noch eine Rolle. Er soll jedoch wiederbelebt werden. Im *Royal Pump Room* von 1842, wo einst das Heilwasser emporgepumpt wurde, ist jetzt ein Museum. Die Kurparks dienen heute vornehmlich Kongreß- und Konferenzteilnehmern zur Entspannung. Der «Stray» beansprucht überdies einen Weltrekord: Er soll die größte regelmäßig gepflegte Rasenfläche des Globus sein. Botanisch wichtiger sind die *Harlow Car Trial Gardens*, denn sie dienen auch als Versuchsland für neuartige Blumen- und Pflanzenkreuzungen. Im nahegelegenen Dorf *Ripley* steht das Schloß, seit 1350 von der gleichen Familie bewohnt, für Besichtigungen offen. Einige Kilometer weiter, bei der Kleinstadt *Ripon*, liegen die wohlerhaltenen Ruinen der *Fountains Abbey*.

Harwich ㉑. Der *Fährhafen* Harwich, der unter anderem Direktverbindungen nach Hamburg und Skandinavien unterhält, ist trotz seiner Strandpromenade im viktorianischen Stadtteil *Dovercourt* eher von der Industrie als vom Tourismus geprägt. Erfolgreicher im Buhlen um die Feriengäste ist die Nachbarstadt *Felixstowe* jenseits der Mündung der ineinan-

Eine beliebte Kulisse für Historienfilme ist Bodiam Castle in der Grafschaft East Sussex.

bei Hastings» ein Gedicht. Die Schlacht tobte allerdings zehn Kilometer von Hastings entfernt, bei einem Ort, der seither *Battle* heißt. Wilhelm gelobte nach dem Kampf, an der Stelle, an der der Angelsachsenkönig Harald umkam, ein Kloster zu errichten. 1094 wurde die *Benediktinerabtei* eingeweiht, während der Reformation aber zu einem großen Teil zerstört. Die Ruinen der Anlage sind zu besichtigen. Über das Schlachtfeld führt ein Rundweg, auf dem der Verlauf der Kämpfe erklärt wird. Zwei der bekanntesten Wasserschlösser Englands liegen nicht weit entfernt von Battle: *Bodiam Castle*, dessen

derströmenden Flüsse *Orwell* und *Stour*, obschon auch Felixstowe ein Handels- und Fährhafen ist. Felixstowe pflegt aber auch seine Tradition als nobles Seebad des 19. Jahrhunderts, selbst der deutsche Kaiser Wilhelm I. hat hier einst Erholung gesucht. Heute ist der Ort eher ein Ziel von Mittelklasse-Urlaubern. An die Zeit, da Felixstowe den Hafen von Harwich schützen sollte, erinnern noch alte Befestigungsanlagen.

Hastings ㉒. Der Badeort an der Kanalküste war einst der westlichste der «Cinque Ports», jener fünf (später sieben) Häfen an der Südküste, die nach der normannischen Eroberung zu einem Bund zusammengezogen wurden, um die Küstenverteidigung zu sichern. Dem Einfall der Normannen verdankt die Stadt auch ihre Popularität: In der *Schlacht von Hastings* begründete 1066 Wilhelm der Eroberer mit seinem Sieg über die Angelsachsen die normannische Herrschaft in England. Theodor Fontane schrieb nach seiner zweiten Englandreise ein Gedicht über die Klippen von Hastings und die Schlacht, auch Heinrich Heine widmete dem «Schlachtfeld

massige und zinnenbewehrte Mauern seit seiner Erbauung Ende des 14. Jahrhunderts nie einer Erstürmung trotzen mußten, und *Herstmonceux Castle*.

Hull ㉓. Der drittgrößte Hafen Großbritanniens heißt offiziell *Kingston-upon-Hull*, wird aber meist nur Hull genannt. Die 1292 gegründete Gemeinde an der Mündung des *Hull River* in den *Humber River* trug im Zweiten Weltkrieg die größten Zerstörungen auf der Insel davon: Viele historische Gebäude im Hafen und in der Innenstadt wurden jedoch sorgfältig wiederhergestellt. Zu den zahlreichen Museen gehört auch die Sammlung im Geburtshaus des Philantropen William Wilberforce (1759–1833), der ein engagierter Kämpfer gegen die Sklaverei war. Die *Ferens Art Gallery* gilt mit ihren alten Meistern wie mit ihren Werken zeitgenössischer britischer Künstler als eine der bedeutendsten Kollektionen Englands. Eines der bekanntesten Bauwerke der Großstadt ist das *Trinity House*, seit Jahrhunderten Zunfthaus der Seemänner, seit 1787 die älteste Marineschule der Welt. Die Kadetten tragen hier heute noch die Traditionsuniformen jener Zeit. Die nahegelegene, baulich reich dekorierte *Holy Trinity Church* (1369–1492) ist die größte Pfarrkirche Englands. Technik-Freaks besuchen Hull vor allem wegen der ästhetischen modernen *Brücke* über den Humber, die den Fluß seit 1981 auf 1510 Meter Länge ohne Pfeiler überspannt.

Ipswich ㉔. Die größte Stadt der Grafschaft Suffolk verdankt ihre Wirtschaftskraft dem Hafen, auch wenn dieser einige Kilometer landeinwärts am *River Orwell* liegt. Bereits im

schofs auf, er war 1381 bei einer Bauernrevolte umgebracht worden. Der berühmteste Sohn Sudburys ist hingegen Thomas Gainsborough, der hier im Jahr 1727 geboren wurde (siehe auch Seite 96/97). Das *Geburtshaus* des Malers ist heute ein Kunstzentrum mit Museum.

Isle of Man ㉕. Sie ist bekannt für ihre menschenfreundliche Steuergesetzgebung, ihre schwanzlosen Katzen und die «Tourist Trophy», das berühmteste, aber auch unfallträchtigste Motorradrennen der Welt. Die fast 600 Quadratkilometer

Derwent Water im Lake District. Die Seenplatte ist seit den Tagen der englischen Romantiker ein beliebtes Erholungsgebiet.

Mittelalter hat die Handelsschiffahrt Ipswich recht wohlhabend gemacht, wie einige stattliche alte Häuser belegen. Das meistfotografierte ist das *Sparrowe's House* von 1567, in dem heute eine Buchhandlung Platz gefunden hat. Die Fassade ist reich mit Stuck verziert, eine Technik, die in dieser südöstlichen Region *East Anglia* als «pargetting» bezeichnet wird. Nicht minder sehenswert ist *Christchurch Mansion*, ein Tudorhaus von 1548, das später mehrfach umgebaut wurde und heute eine Kunst- und Kunsthandwerkssammlung birgt. Literaturfreunde pilgern hingegen zum «Great White Horse Hotel», einer Herberge, in der Charles Dickens mehrfach wohnte und in der ein Kapitel seines Romans «The Pickwick Papers» (1837) spielt. Das entsprechende Zimmer des Hotels trägt heute den Namen des Schriftstellers. Als «Eatansville» erscheint die Kleinstadt *Sudbury*, gut 30 Kilometer westlich von Ipswich gelegen, in den «The Pickwick Papers». In Sudbury ließ der damalige Erzbischof von Canterbury gegen 1365 eine geistliche Schule bauen, auf ihren Fundamenten entstand *St Gregory's*. Die Kirche bewahrt den Schädel des Bi-

große Insel zwischen England und Nordirland ist unabhängig und untersteht direkt der Krone. Regiert wird sie aber vom *Court of Tynwald*, dem aus der Zeit der Wikingerherrschaft stammenden ältesten Parlament der Welt. Wie einst werden noch heute alle neuen Gesetze alljährlich am 5. Juli beim Tynwald-Fest in St John's vorgelesen. Man hat eigene Briefmarken und eine eigene Währung, die im Wert mit dem Pound gleich ist. Die Insel ist ein beliebtes Badeziel der Briten, die meistbesuchten Strände liegen bei der Hauptstadt *Douglas*, in Port Erin und Port St Mary; Peel und Castletown zeichnen sich durch viele geschichtsträchtige Gebäude aus. Hauptsehenswürdigkeiten der Isle of Man sind das *Manx Village*, ein folkloristisches Freiluftmuseum, und das *Laxey Wheel* im gleichnamigen Städtchen, mit 22 Meter Durchmesser vermutlich das größte Wasserrad des Globus.

Isle of Wight ㉖. Queen Victoria machte die mit mildem Klima gesegnete Insel zu einem bevorzugten Ferienziel der Briten: Die Königin ließ sich nach Plänen ihres Prinzgemahls

Sightseeing auf der Isle of Wight: Die Normannenburg Carisbrooke Castle bei Newport.

Albert das *Osborne House* bei *Cowes* bauen. In der im italienischen Stil gebauten Palastvilla hat die Queen ihre neun Kinder geboren, hier starb sie 1901, nach 64 Jahren auf dem Thron. Das mit Erinnerungsstücken prall gefüllte Osborne House steht heute allen Besuchern offen. Weniger gute Erfahrungen als Queen Victoria hatte zuvor König Karl I. auf der Insel vor Southampton machen müssen, er wurde 1647 in *Carisbrooke Castle* gefangengesetzt. Von der normannischen Festung im Inselinneren, nahe bei der Inselhauptstadt *Newport* gelegen, schrieb der Urlauber und Poet John Keats (1795–1821), er werde wohl nie wieder ein Schloß sehen, «das Carisbrooke an Schönheit übertrifft». Nicht nur Keats, vor allem auch Alfred Lord Tennyson (1809–1892) hat das Lob der Insel gesungen. Im Schloßmuseum, das der Inselgeschichte gewidmet ist, finden sich auch Erinnerungsstücke an Tennyson, der oft bei der Queen zu Gast war. Viele Schriftsteller, die zeitweise auf der Insel lebten, suchten sich Quartiere in den ruhigen Dörfern, Keats lebte beispielsweise in *Shanklin*, das dank seiner reetgedeckten Häuser auf keiner Inselrundfahrt ausgelassen wird. Ein Höhepunkt dieser Touren ist der Stopp am Westende der Insel, wo sich die Steilküste mit weißen Kalksteinfelsen wie Messerschneiden in die See hinauszieht. Diese Felsgrate, «The Needles» genannt, sind ein beliebter Hintergrund, wenn berühmte Segelregatten wie der *Admiral's Cup* im Solent, der schmalen Wasserstraße zwischen England und Wight, gestartet werden.

Isles of Scilly siehe *Penzance*

Herstmonceux Castle nördlich von Pevensey. In der restaurierten Burg aus dem 15. Jahrhundert befindet sich seit 1957 die königliche Sternwarte, die von Greenwich hierher verlegt wurde.

Lake District ㉗. Der älteste und größte Nationalpark Großbritanniens birgt zwei weitere Superlative: mit dem 979 Meter hohen Scafell Pike den höchsten Berg und mit dem 17 Kilometer langen Lake Windermere den größten See Englands. Und dennoch hat die Landschaft im Nordwesten Englands, die seit der Eiszeit von zahlreichen Seen durchzogen wird, nichts von Superlativen. Die meisten Berge sind weniger als 600 Meter hoch, viele Seen ähneln breiten Flüssen und typisch sind für den Distrikt seine langgezogenen Waldtäler, die sich bei Wanderern großer Beliebtheit erfreuen. In den Ferienmonaten sind die touristischen Zentren des Parks oft überfüllt, mit guten Wanderkarten kann man aber auch dann in dem 3200 Quadratkilometer großen Naturschutzgebiet ruhige Winkel finden. Die Schönheit des Lake District hat natürlich auch ihren Widerhall bei den Dichtern gefunden, der berühmteste unter den «Lakists» ist der in England hochgeschätzte William Wordsworth (1770–1850).

Land's End siehe *Penzance*

Leeds ㉘. Die wichtigste Industrie- und Universitätsstadt Nordenglands hat zwar eine lange Geschichte, denn schon in römischen Tagen kreuzten hier die Handelsfuhrwerke eine Furt im *River Aire*. Aber fast alle Sehenswürdigkeiten der Stadt entstammen doch dem 19. oder dem 20. Jahrhundert. Das gilt auch für die renommierte *Art Gallery* von 1888 und für das typischste Bauwerk der Stadt, die *Armley Mills*, etwa drei Kilometer außerhalb der City. Die einstige Wollspinnerei gibt ein anschauliches Beispiel für die Industrialisierung

der Stadt und des ganzen Landes. Einen etwas weiteren, aber lohnenden Ausflug erfordert das *Harewood House*. Die 1771 fertiggestellte Residenz der Grafen von Harewood liegt gut zwölf Kilometer nördlich von Leeds in einem schönen Park und ist bekannt für ihre kostbare Inneneinrichtung.

Lincoln ㉙. England ist wahrlich nicht arm an Kathedralen. Wenn es dann heißt, Lincoln habe die schönste *Kathedrale* des Landes, kann man wirklich Besonderes erwarten. Das mächtige Gotteshaus mit den drei Türmen geht auf eine normannische Kirche vom Ende des 11. Jahrhunderts zurück. Diese wurde 1185 bei einem Erdbeben größtenteils zerstört, aber bereits im 13. Jahrhundert begann der Wiederaufbau. Später kamen noch Anbauten hinzu, beispielsweise die Bibliothek, die der berühmte Baumeister Sir Christopher Wren 1674 errichtete. Zu den bedeutendsten Gebäudeteilen der prachtvollen gotischen Kirche gehört das Presbyterium. Die Kathedrale, die sich majestätisch über das Häusergewirr der historischen Oberstadt erhebt, prägt die alte Königsstadt Lincoln, eine Gründung aus vorrömischen Tagen. Die Römer gaben ihr den Namen *Lindum Colonia*, was später zu Lincoln verkürzt wurde. Nahe bei der Kathedrale liegt *Lincoln Castle*, noch von Wilhelm dem Eroberer gegründet. Der jüngste der drei Burgtürme, der *Observatory Tower* aus dem 19. Jahrhundert, bietet einen guten Rundblick über die Stadt.

Liverpool ㉚. Glanz und Elend kennzeichnen die Metropole am *Mersey River*. Die fast 800 Jahre alte Hafenstadt kam im 18. Jahrhundert mit der Sklavenschiffahrt zu Wohlstand. Daraus entwickelten sich Handelsverbindungen mit Nordamerika, das bald wieder zum Ziel von «Menschenfracht» wurde: Liverpool war einer der größten Auswandererhäfen. Später diente der Hafen der weltweit exportierenden englischen Wirtschaft, aber mit dem Niedergang der Industrie wurde es auf den Piers immer ruhiger. Liverpool war ein Beispiel urbaner Armut. Daran änderte auch der Welterfolg von vier jungen «Scoucers» (so nennen sich die Bürger Liverpools) nichts, die als *The Beatles* auftraten. Erst in den letzten Jahren konnte sich Liverpool erfolgreich umstrukturieren. Das wird weniger vor den imperialen Bauten am *George Pier Head* deutlich als im *Albert Dock*, aus dessen Lagerhäusern Restaurants, Boutiquen, Büros und Museen wurden. Für das *Merseyside Maritime Museum* konnte kein besserer Platz gefunden werden. Auch die Filiale der Londoner *Tate Gallery* fand hier eine standesgemäße Bleibe – ein Einheimischer, der berühmte Architekt James Stirling, hat die Docks umgebaut. Aber auch ein Gang ins Stadtinnere lohnt sich, sei es zum klassizistischen Rathaus, sei es zur *Walker Art Gallery* mit ihrer berühmten Gemäldesammlung, oder zur katholischen Kathedrale, einem 1967 eingeweihten, heute noch futuristisch wirkenden Rundbau. Die anglikanische Kirche, die zur selben Zeit ganz in der Nähe eine Kathedrale errichtete, entschied sich hingegen für einen neogotischen Entwurf.

London ㉛. Benjamin Disreali, britischer Schriftsteller und Premierminister, brachte es auf den Punkt: «London, a nation, not a city». Die Hauptstadt, die jahrhundertelang einen großen Teil der Welt regierte, ist heute einer der großen

Besuchermagnete Europas. Londons Symbole sind in der ganzen Welt vertraut: die *Tower Bridge* neben der historischen Stadtfestung *Tower of London*; die roten Doppeldeckerbusse; die geräumigen Taxis; der quirlige *Piccadilly Circus*; die Tür des Regierungssitzes *Downing Street 10*; *Big Ben*, der Turm des Parlamentsgebäudes an der Themse; der Wachwechsel vor *Buckingham Palace*; *Westminster Abbey*; *St Paul's Cathedral* – um nur einige zu nennen. Die Siebenmillionenstadt London ist eine der großen Kulturmetropolen der Welt. Allein das *Britische Museum* könnte einen neugierigen Besucher eine Woche lang beschäftigen, von der *National Gallery*, der *Tate Gallery*, dem *Victoria and Albert Museum* oder von Spezialmuseen wie der *Seefahrtssammlung* in Greenwich (neben dem Nullmeridian), dem *National History Museum*, dem *Science Museum*, dem *Museum of the Moving Image* (Filmmuseum) oder dem Tennismuseum in *Wimbledon* ganz zu schweigen. Das Theaterleben im Westend zieht Tausende von Besuchern nach London, die Einkaufsmöglichkeiten in der Oxford Street, in nobleren Nebenstraßen oder in Kaufhäusern wie *Harrod's* oder *Selfridges* locken jährlich Hunderttausende von

Touristen an. Angesichts dessen ist es nicht verwunderlich, daß London ein breites Angebot an touristischen Programmen bietet, von diversen Rundfahrten zu den Sehenswürdigkeiten bis zu Spezialtouren hinter die Kulissen der Theater, Schauspieleranekdoten inklusive. Aber auch auf eigene Faust läßt sich die Weltstadt gut erkunden, preiswerte Touristenkarten für Busse und U-Bahnen erleichtern dies. Weite Grünanlagen wie *St James's Park*, *Regent's Park* oder der *Hyde Park* mit seiner legendären «Speaker's Corner», an der jedermann frei zu jedem Thema sprechen darf, zeigen ein kontrastreiches Bild zur dicht bebauten Stadt mit ihren steinernen Zeugnissen einer einstigen Weltmacht. Daß London auch heute noch Weltgeltung hat, beispielsweise als globales Finanzzentrum, wird in der «City» sichtbar. Schließlich noch drei Tips für königliche Ausflüge: Nicht weit entfernt vom Flughafen Heathrow liegt *Windsor*, das meistbesuchte der königlichen Schlösser. *Hampton Court* in East Molesley, 25 Kilometer südwestlich von London gilt als der schönste Palast. Und auch in den *Kew Gardens* machten die «Royals» Quartier, beispielsweise Viktoria im *Queen's Cottage*.

Manchester ③②. Manchester-Cord und Manchester-Kapitalismus, zwei Begriffe, mit denen die große Industriestadt im Nordwesten Englands berühmt geworden ist. Die Halb-Millionen-Metropole ist durch ihre Textilienwebereien groß und reich geworden, hier wurden die ersten Industriearbeiter der Welt ausgebeutet, von «Manchester-Kapitalisten». Die Stadt, durch einen fast 60 Kilometer langen Kanal mit der Irischen See verbunden, ist ein Wirtschaftszentrum geblieben. Nirgendwo ist die Entwicklung Manchesters von der Dampfmaschine bis zur heutigen Telekommunikation besser aufbereitet als im preisgekrönten *Museum of Science and Industry* und in den nahegelegenen Studios des TV-Senders Granada. Daß Manchester aber auch vor dem industriellen Zeitalter eine bedeutende Stadt war, wird in der City deutlich: Die *Kathedrale* stammt überwiegend aus dem 15. Jahrhundert. Aus dieser Zeit sind auch einige jener Manuskripte, die in der bereits

1653 gegründeten *John-Rylans-Bibliothek* aufbewahrt werden. Auch in der bildenden Kunst hat Manchester mehr zu bieten, als das Industriestadt-Image vermuten läßt – in der *City Art Gallery* sind nicht nur alle großen Namen der englischen, sondern auch der französischen Malerei vertreten.

Newcastle-upon-Tyne ③③. Wegen des Dudelsackmuseums im Turm der Burgruine oder wegen der Kathedrale (14./15. Jh.) allein kämen wohl wenige Besucher in die Industriemetropole am *River Tyne*. Es sind vor allem Technik-Freaks, die es in die Großstadt im Nordosten Englands zieht. Das Flußufer ist ihr Ziel, denn drei der sechs *Brücken* haben Brückenbaugeschichte gemacht. Die älteste, die High Level Bridge, ist 50 Meter hoch und hat zwei getrennte Ebenen für die Eisenbahn und den sonstigen Verkehr (heute Autos), sie wurde von Robert Stephenson, dem Sohn des Lokomotivenkonstrukteurs, entworfen und von Queen Victoria 1849 eröffnet. Damals galt sie als technisches Wunder. Im Jahr 1876 wurde ganz in der Nähe eine «Swing Bridge» in Betrieb genommen, die zur Seite schwingen kann, wenn große Schiffe passieren. 1928 kam wieder ein gekröntes Haupt in die Stadt: Georg V. übergab im Jahr 1928 die *Tyne Bridge*, damals mit einer Spannweite von 162 Meter die größte Bogenbrücke der Welt, heute noch das Wahrzeichen von Newcastle.

Sehenswürdigkeiten in London:

St Paul's Cathedral; das Meisterwerk Christopher Wrens ist das markanteste Bauwerk der Londoner City (links oben).

Königsresidenz, Gefängnis, Hinrichtungsstätte: der Tower (links unten).

Blick auf den Londoner Stadtteil Docklands von Greenwich aus (Mitte).

Newquay ㉞. Der Badeort an der Nordküste der Halbinsel *Cornwall* ist nicht nur wegen seiner weiten Strände, seiner guten Surfmöglichkeiten und seiner viktorianischen Villenarchitektur bekannt. Er ist auch ein guter Ausgangspunkt für Touren entlang dieser reizvollen und nur im Sommer vielbesuchten Küste. In Richtung Westen liegt das Seebad *St Ives* mit seiner verwinkelten Altstadt und einer Filiale der Londoner *Tate Gallery*.

In Richtung Osten ist der Fischereihafen *Padstow* ein beliebter Stopp auf dem Weg nach *Tintagel*. Die Burgruine auf einem über das Meer hinausragenden Felsen soll der Sitz des legendären König Artus gewesen sein. Sie wird heute nicht nur wegen des schönen Rundblicks, sondern von vielen Touristen auch als angeblich mystisches Kraftzentrum besucht.

Norwich ㉟. Wer an Kirchenbaukunst interessiert ist, kommt in Norwich auf seine Kosten. Die Stadt, die dank flämischer Einwanderer und ihrer Textilherstellung reich wurde, besaß im Mittelalter mehr als 50 Kirchen; über 30 sind noch erhalten. Aber auch wer mit Kirchen nicht viel im Sinn hat, sollte zumindest in die *Kathedrale* (13. Jh.) gehen. Ihre Inneneinrichtung gehört zu den schönsten auf der Insel, besonders gerühmt wird der Kreuzgang. Doch auch in der Stadt begegnet man Norwichs glanzvoller Geschichte auf Schritt und Tritt.

In einigen mittelalterlichen Bauten sind heute Museen untergebracht, so auch in der *Normannenburg* (1130), in der hauptsächlich Bilder der «Norwich-Schule» hängen. Unter diesem Namen hatten sich Ende des 18. Jahrhunderts Landschaftsmaler zusammengefunden. Beim Stadtbummel sollte man *Elm Hill* nicht auslassen, eine alte Kopfsteinpflasterstraße mit bunten Geschäftsfassaden – eines der schönsten Beispiele einer mittelalterlichen Straße in England.

Nottingham ㊱. Von Zeit zu Zeit bekommt Robin Hood einen neuen Pfeil, aber der findet schnell wieder Liebhaber: Der Räuber als Beraubter. So steht denn die Statue des sagenhaften Helden mit leerem Bogen vor den Mauern von *Nottingham Castle* (1670 erbaut), in dem das Museum der Stadt eine standesgemäße Bleibe fand. Der Burgfels ist, wie auch die Altstadt, von geheimnisvollen Gängen und Höhlen durchzogen. Das gilt auch für den Untergrund des ältesten Pubs auf der Insel. Es trägt den schönen Namen «Ye Old Trip to Jerusalem» und tischte schon im 12. Jahrhundert Braten und Bier auf. Wo die Brauer von Nottingham einst ihr Bier kühl hielten, zeigen die in den Fels gehauenen Höhlen des *Brewhouse Yard Museum*. Aber was wäre Nottingham, heute ein Industrie- und Wirtschaftszentrum, ohne *Sherwood Forest*, den riesigen Wald, in dem *Robin Hood* und seine *Merry Men* angeblich den Reichen auflauerten. Der Wald ist inzwischen stark geschrumpft, die Parkplätze für die Touristen sind gewachsen und die imposante tausendjährige Eiche, unter der Robin Hood seine *Maid Marian* freite, hält sich nur noch in einem eisernen Stützkorsett.

Oxford ㉗. Einen Titel kann Cambridge, die ewige Rivalin, Oxford nicht nehmen: Die einstige Ochsenfurt ist die älteste Universitätsstadt Großbritanniens. Anno 1167 gründete Heinrich II. hier das erste College, heute sind es 40. Die bekanntesten tragen die Namen *Christ Church* (gegründet 1525), *Corpus Christi* (1516), *Magdalen (1458)*, *Trinity* (1555) und *Exeter* (1314). Die meisten Colleges sind während der Studienzeit nur nachmittags für Besucher geöffnet, aber in den Sommerferien ist der Besuch weniger interessant. Ein guter Ausgangspunkt für Wanderungen durch die Universitätsviertel und die «Stadt der Türme» ist der *Radcliffe Square* mit der *Radcliffe Camera*, einem Bibliotheksrundbau von 1737, und der berühmten *Bodleian Library*. Quasi ein touristisches Pflichtprogramm ist – wie in Cambridge – eine Bootstour entlang der Colleges. «Punts» heißen die typischen flachen Boote, die von ihren Bootsführern mit langen Stecken über die Wasserwege gestakt werden. Dabei erfährt man auch – wie in Cambridge –, welch erlauchte Geister und berühmte Männer in Oxford ihr akademisches Rüstzeug erhalten haben. Oxford hat aber nicht nur die erste Universität, sondern auch das erste Museum des Landes. Das 1683 gegründete *Ashmolean Museum* hat im Lauf der Jahrhunderte eine außerordentliche Sammlung antiker, mittelalterlicher und asiatischer Kunst zusammengetragen. Dabei ist Ashmolean nur eines von vier Universitätsmuseen. Daß die Stadt angesichts dieser Tradition auch jenseits der Colleges voll sehenswerter alter Fachwerkbauten steckt, liegt nahe. Dennoch sollte man sich Zeit für einen Ausflug zum zwölf Kilometer entfernten *Blenheim Palace* nehmen. Das große, teilweise für Besichtigungen offene Schloß ist Sitz der Spencer-Churchill-Dynastie, hier wurde auch Winston Churchill (1874–1965) geboren.

Penzance ㉘. Die westlichste Stadt Englands ist dank ihres milden Klimas (hier blühen die ersten Magnolien auf der Insel) selbst im Winter ein beliebtes Urlaubziel. Berühmt geworden ist Penzance jedoch als Schmugglerstädtchen, Gilbert und Sullivan haben dieser Zeit mit ihrer klassischen Operette «The Pirates of Penzance» aus dem Jahr 1879 ein beschwingtes Denkmal gesetzt.

Von der Kleinstadt aus sind es etwa noch sieben Kilometer bis nach *Land's End*, der im Sommer von Touristen überlaufenen westlichen Landspitze. Von ihren Klippen aus kann man bei klarem Wetter die vorgelagerte Kette der *Isles of Scilly* sehen, von Penzance aus gehen Schiffe und Hubschrauber zu

den fünf bewohnten Inseln. Insgesamt zählt die Gruppe knapp 200 Inselchen und Riffe. Da sie im Golfstrom liegen, eignen sich die Inseln besonders gut zur Blumenzucht – neben dem Tourismus die wichtigste Einnahmequelle der etwa 2300 Insulaner. Der Hauptort *Hugh Town* liegt auf *St Mary's*, mit 15 Quadratkilometern die größte Insel. Im Museum wird die Geschichte der Inseln vorgestellt, ergänzt wird diese Sammlung durch eine Kollektion von Gallionsfiguren in der Abteiruine auf *Tresco*, der zweitgrößten Insel.

China Town in Manchester. Die Stadt ist Zentrum des britischen Baumwollhandels und wichtiger Industriestandort.

Plymouth ㉙. Keine englische Stadt hat mehr zur Seefahrtsgeschichte des Landes beigesteuert, im Naturhafen von Plymouth begann das britische Weltreich: James Cook, Sir Walter Raleigh und Martin Frobisher stachen hier zu weltweiten Fahrten in See, die Pilgrim Fathers setzten hier 1620 die Segel ihrer «Mayflower», um aufzubrechen zur Besiedlung Amerikas. Der meistgerühmte Name in Plymouth ist aber der von Sir Francis Drake. Der Seeheld, der als erster die Welt umrundete (1577), war auch der strategische Kopf der Seeschlacht gegen die spanische Armada, die 1588 vor Plymouth vernichtend geschlagen wurde. Drake soll angeblich auf dem *Hoe*, einer Parkanlage mit schöner Sicht auf die See, ruhig sein Bowlingspiel beendet haben, ehe er gegen die Spanier auslaufen ließ. Deshalb steht das *Drake-Denkmal* ebenso wie das *Armada-Monument* auf dem Hoe. Der Pilgerväter wird mit einer Hafenpforte am *Sutton Pool* gedacht, dem einstigen Haupthafen an der elisabethanischen Altstadt «Barbican». Zwischen Hoe und Sutton Pool erstreckt sich die weitläufige,

1570 vollendete *Royal Citadel*; an ihrer Mauer haben die Meeresbiologen Raum für ihr sehenswertes Aquarium gefunden. Was für Plymouth der Name Drake ist, ist für den (einst unabhängigen) Stadtteil *Devonport* der Name Scott. Der Polarforscher Robert Falcon Scott, der 1912 den Wettlauf zum Südpol knapp verloren hatte und in der Antarktis umkam, ist in der alten Hafenstadt geboren worden.

Poole siehe *Bournemouth*

In Norwich. Die Stadt rühmt sich, für jeden Tag des Jahres ein Pub zu haben.

Salisbury ㊵. Nirgendwo in England bilden Stadt und *Kathedrale* eine solche Einheit wie in Salisbury, der Hauptstadt der südenglischen Grafschaft Wiltshire: Mit der Grundsteinlegung für das Gotteshaus wurde 1220 auch die Ortschaft gegründet. In der Altstadt lassen sich noch die Grundzüge der mittelalterlichen Stadtplanung erkennen. Die frühgotische Kirche wurde genau 100 Jahre nach Baubeginn um den schlanken Turm ergänzt, der mit 124 Metern der höchste Kirchturm Englands ist. Der Kreuzgang und das achteckige Kapitelhaus gehören zu den schönsten Bauteilen der Kathedrale, die rundum von einem grünen Rasenteppich umgeben ist. In der Kirche wird auch eines der vier erhaltenen Originale der «Magna Charta» aufbewahrt (ein weiteres liegt in der Kathedrale von Lincoln, zwei sind im British Museum in London). Zu den vielen historischen Bauten in Salisbury zählt auch das schöne «Red Lion Hotel» und das «King's Arms Inn», in dem Karl II. nach der verlorenen Schlacht von Worcester im Jahr 1651 Zuflucht suchte.

Snowdonia National Park ㊶. Die zwei höchsten Gipfel bringen es zwar nur auf gut 1000 Meter, aber dennoch wirkt Snowdonia mit seinen alpinen Pflanzen fast wie ein Hochgebirge. Der Namenspate der Region und des Nationalparks, Mount Snowdon, mißt 1085 Meter, die meisten seiner Nachbarn sind um die 900 Meter hoch. Wanderer lieben den Park im Nordwesten von Wales wegen seiner landschaftlichen Vielfalt und der gut ausgeschilderten Wege. Weniger lauffreudige Touristen schätzen es hingegen, daß sie die Snowdon-Höhe auch mit einer Bahn, der museumsreifen *Snowdon Mountain Railway*, erreichen können. Lohn für Läufer und Fahrgäste ist ein beeindruckender Panoramablick über die Bergketten. Und dennoch haben manche Pärchen hier nur Augen füreinander: Es sind Tagesausflügler aus Betws-y-Coed, einem hübschen Dorf, das sich unter Flitterwöchnern einer besonderen Zuneigung erfreut.

Southampton ㊷. Bis die Flugzeuge der Linienschiffahrt den Garaus machten, war Southampton der wichtigste Überseehafen Großbritanniens. Heute machen nur noch Kreuzfahrtschiffe am *Ocean Terminal* fest, allein die «Queen Elizabeth II» pendelt im Sommer wie einst zwischen Southampton und New York. Southampton hat den Niedergang dieses Geschäfts relativ gut verdaut, Handelshafen und Industrie sorgten für Ausgleich. Vom Tourismus profitiert Southampton kaum, die Bombenangriffe im Krieg haben die meisten historischen Bauten zerstört. Erhalten blieben Teile der Stadtmauer und das Stadttor *Bargate* (15. Jh.), in dem ein Museum für Stadtgeschichte Platz fand. Einige alte Häuser wurden hergerichtet, etwa das *Tudor House*, das *Merchant's House*, nach mittelalterlicher Kaufmannsart eingerichtet, oder das ebenfalls mittelalterliche *Wool House*, in dem ein Seefahrtsmuseum entstand. Eine «Hall of Aviation» zeigt, daß Southampton durch die Flieger zwar die Transatlantik-Liner verloren hat, aber auch teilhatte an der Geschichte der Luftfahrt, insbesondere der Flugboote.

Stonehenge ㊸. Zur Sommersonnenwende ziehen alljährlich weiß vermummte Gestalten zu dem gigantischen prähistorischen Steinkreis im Süden Englands. Für diese «Druiden» gehen von Stonehenge magische Kräfte aus. Die vermutlich zwei- bis dreitausend Jahre vor Christus erbaute Kultstätte, das berühmteste Zeugnis seiner Art, gibt den seriösen Wissenschaftlern hingegen immer noch Rätsel auf. Wie konnten die Menschen in der Stein- und Bronzezeit diese Steine aufrichten und mit tonnenschweren Quersteinen versehen? Wozu dienten die beiden Steinkränze und der Altar in der Mitte? Als Sonnenheiligtum? Als gigantischer Kalender? Sicher ist nur, daß nicht die echten Druiden, die keltischen Priester, die Anlage errichten ließen, denn sie kamen viel später in diese Region. Weniger als diese Fragen beschäftigt die Denkmalschützer hingegen der Massenandrang zu den «hängenden Steinen». Aber auch die Autoabgase hinterlassen ihre Spuren, denn Stonehenge ist zwischen zwei Landstraßen eingeklemmt. Es gibt Pläne, zumindest eine dieser Straßen in einen Tunnel zu verbannen. Aber auch Touristen können die Steine nicht mehr beschädigen. Seit längerem kann man die Ringe nur noch mit gehörigem Abstand umrunden.

Stratford-upon-Avon ④④. Die Kleinstadt am Avon ist weltbekannt: Hier wurde 1564 William Shakespeare geboren, für viele der größte Dramatiker aller Zeiten. In Stratford, in dem regelmäßig ein Markt stattfand, wuchs er als Sohn eines Tuchhändlers auf. Heute lebt die Stadt völlig vom Ruhm des Dichters, der jährlich Hunderttausende von Touristen anzieht. Sie wandeln auf seinen Spuren vom *Geburtshaus* über die *Guildhall*, wo er zur Schule ging, bis zu den diversen Wohnhäusern der Familie Shakespeare einschließlich des

pittoresken reetgedeckten Cottage von Anne Hathaway, der Ehefrau Shakespeares. Die letzte Station dieses Rundgangs ist die *Holy Trinity Church*, in der Shakespeare begraben wurde. Aber der Name Shakespeare steht in Stratford nicht nur für einen im Sommer nervenstrapazierenden Touristenrummel. In der Stadt wird auch sehr ernsthaft in den Werken des Dichters geforscht und das *Royal Shakespeare Theatre* ist eine der besten Bühnen des Landes. Großes Renommee verbindet sich auch mit einem der schönsten Fachwerkhäuser der Stadt, dem «Harvard House» aus dem 16. Jahrhundert. Es gehörte der Mutter von John Harvard, der eine der namhaftesten Universitäten von Amerika gründete. Viele Touristen verbinden den Besuch in der Shakespeare-Stadt mit einer Visite im 13 Kilometer entfernten *Warwick Castle*, einer normannischen Burg, die im 17. Jahrhundert völlig umgebaut wurde und majestätisch am Ufer des *Avon* liegt.

Sudbury siehe *Ipswich*

Swansea ④⑤. Die zweitgrößte walisische Stadt lebt von der Industrie und dem Hafen, ihren Ruhm verdankt sie aber ihrem größten Sohn, dem gewaltigen Dichter und Trinker Dylan Thomas (1914–1953). «Ugly, lovely town» nannte er seine Heimatstadt, ihre Spannweite zwischen Ölraffinerien und der Lage an der schönen *Swansea Bay* umgreifend. Die Stadt selber hat ihre historischen Reize weitgehend eingebüßt, deutsche Bomber zerstörten nicht nur die Hafenanlagen, sondern auch die Altstadt. Swansea, auf walisisch: *Abertawe*, ist aber eines der kulturellen Zentren der Waliser geblieben, insbesondere in der Malerei und der klassischen Musik. Letztere findet ihren Höhepunkt alljährlich im Oktober beim *Swansea Music Festival*. Im Juli hallen die Kirchen rings um Swansea wider von den zahllosen Konzerten des *Gower Festival*. Genannt ist es nach der nahen Halbinsel, die landschaftlich zu den schönsten Abschnitten dieser Küste gehört und folglich zu recht als Naturschutzgebiet ausgewiesen ist.

Warwick siehe *Stratford-upon-Avon*

Wells siehe *Glastonbury*

York ④⑥. Die Hauptstadt des englischen Nordens ist zugleich eine der sehenswertesten Städte des Landes. Sie ist aber auch eine der meistbesuchten, deshalb sollte man sie an Ferienwochenenden besser meiden. Seit den Tagen der Römer war York ein wichtiges Zentrum – Hadrian und drei weitere römische Kaiser hielten sich hier auf, zwei starben und wurden in York beerdigt: Septimus Severus und Constantius Chlorus. Der Sohn des letzteren, Konstantin der Große, wurde in York zum Kaiser von Rom ausgerufen. Den Römern folgten die Angelsachsen, die wiederum von den Wikingern vertrieben wurden. Die Skandinavier nannten ihre Eroberung Jorvik. Die Normannen brannten die Stadt 1069 nieder, ließen sie aber wieder aufbauen. York entwickelte sich zur zweiten Stadt nach London. Die Gassen der schönen Altstadt, etwa die alte Metzgergasse «Shambles», zeugen vom Rang der Stadt im Mittelalter. Das bedeutendste Zeugnis ist der *York Minster*, der 1070 begonnen und 1473 vollendet wurde. Die berühmte Westfassade mit den großen Fenstern stammt von 1338, aber auch die anderen Fenster sind wegen ihrer jahrhundertealten Glasmalereien berühmt. Doch auch außerhalb des Münsters ist York ein mittelalterliches Juwel, von der *All Saints Church* und dem *Treasurer's House* bis zum Stadttor *Micklegate Bar*. Die alte Stadtmauer ist noch weitgehend erhalten, rund fünf Kilometer lang ist der Rundgang über ihre Zinnen. Zwei der vielen Museen erfreuen sich besonderen Interesses, das *Castle Folk Museum* in einem einstigen Frauengefängnis und das *National Railway Museum*, das unter Eisenbahnexperten weltweit geschätzt wird. Eine Mischung aus Unterricht und Unterhaltung bietet das *Jorvik Viking Centre*, in dem man in kleinen Wagen durch die nachgebaute Welt der Wikinger fährt. Geister mit gehörnten Helmen sind dort zwar noch nicht gesichtet worden, aber ansonsten wird York seinem Ruf als «Europas Hauptstadt des Spuks» durchaus gerecht, wie den Touristen auf nächtlichen «Ghost Walks» deutlich gemacht wird. Auf diesen ist dann die Rede von geisternden Mönchen und enthaupteten Adeligen.

Zukunftsreiche Region mit stolzer Vergangenheit: Die Burg von Swansea im hochindustrialisierten Süden von Wales.

ENGLAND · WALES

Register

Kursive Ziffern verweisen auf Abbildungen.

Orts- und Sachregister

158

Text- und Bildnachweis

Textnachweis

Woldemar Seyffarth: England und Wales mit ihren Bewohnern. Stuttgart: J. B. Müller's Verlagsbuchhandlung 1851.

Bildnachweis

Archiv für Kunst und Geschichte, Berlin: S. 13 M. und u., 15, 44 u.l., 70 o.l., 72, 91 M., 92 l., 96/97 u., 97 o.
Heiko Blum, Köln: S. 73 r.
Bildarchiv Engelmeier, München: S. 73 o. und l.
The Estate of Francis Bacon, London: © S. 97 u. (Leihgeberin Ursula Edelmann, Frankfurt a. M.).
Mary Evans Picture Library, London: S. 69 o., 123 (2).
Hulton Deutsch Collection, London: S. 14 (2), 17 (4), 20 o. (2) und u., 44 o. (3) und u.r., 45, 46 o. und u., 90.
Volkmar E. Janicke, München: S. 142 l., 143 r.
Keystone Pressedienst, Hamburg: S. 141 (2).
Manchester City Galleries: S. 92 u.
National Gallery, London: S. 96 o.
Bildarchiv Preußischer Kulturbesitz, Berlin: S. 13 o., M.l. und M.r., 20 M., 67, 70 o.M., o.r. M. (2) und u. (2), 91 o., 93 r.
Sir John Soames Museum, London: S. 18, 19.
Süddeutsche Zeitung – Bilderdienst, München: S. 91 u.
Tate Gallery, London: S. 96 u.l.
Victoria & Albert Museum, London: S. 68, 69 u. (2), 92/93 o.

Alle übrigen Abbildungen stammen von Kai Ulrich Müller, Berlin.

Die Karten auf Seite 119 und 155 zeichnete Astrid Fischer-Leitl, München.

Den Stadtplan auf Seite 149 zeichnete Fanny Haydee B. Llego.

Wir danken allen Rechteinhabern für die Erlaubnis zu Nachdruck und Abbildung. Trotz intensiver Bemühungen war es nicht möglich, alle Rechteinhaber zu ermitteln. Wir bitten diese, sich an den Verlag zu wenden.

Alle Angaben dieses Bandes wurden von den Autoren sorgfältig recherchiert und vom Verlag auf Stimmigkeit und Aktualität geprüft. Allerdings kann keine Haftung für die Richtigkeit der Informationen übernommen werden. Für Hinweise und Anregungen sind wir jederzeit dankbar.

Zuschriften bitte an Verlag C. J. Bucher, Lektorat; Goethestraße 43, 80336 München.

Impressum

Bildkonzeption: Axel Schenck
Lektorat: Cornelia Fischer, Katrin Ritter
Bilddokumentation: Maria Guntermann
Graphische Gestaltung: Barbara Markwitz
Herstellung: Angelika Kerscher

Technische Produktion: Fotosatz Ressemann, Hochstadt
Lithographie: Lanarepro, I-Lana
Druck und Bindung: Druckerei Eberl, Immenstadt

© 1994, 1995 by Verlag C. J. Bucher GmbH, München
Alle Rechte vorbehalten
Printed and bound in Germany
ISBN 3 7658 0863 6

Die Nationen Europas

DÄNEMARK

ISBN 3-7658-0737-0

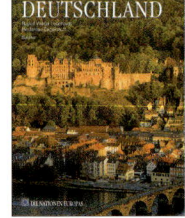

DEUTSCHLAND

ISBN 3-7658-0961-6

ENGLAND

ISBN 3-7658-0863-6

FINNLAND

ISBN 3-7658-0942-X

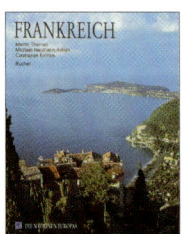

FRANKREICH

ISBN 3-7658-0888-1

IRLAND

ISBN 3-7658-0923-3

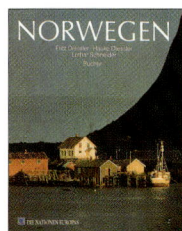

NORWEGEN

ISBN 3-7658-0859-8

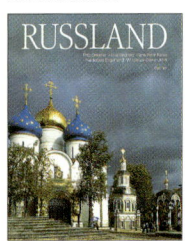

RUSSLAND

ISBN 3-7658-0803-2

SCHOTTLAND

ISBN 3-7658-0878-4

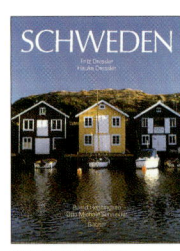

SCHWEDEN

ISBN 3-7658-0943-8

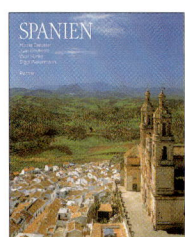

SPANIEN

ISBN 3-7658-0762-1

UNGARN

ISBN 3-7658-0813-X

Alle Bände 160 Seiten. Durchgehend farbig, mit historischer Bilddokumentation, Karten, Themen-Essays. Mit farbigem Schutzumschlag.

BUCHER
Maßstab für Bildbandqualität

Seit ihrer Unabhängigkeit 1991 wieder im Blickfeld, gelten Estland, Lettland und Litauen noch als Geheimtip. Estland lockt mit einsamen Mooren, pittoresken Ostseeinseln und unberührten Stränden, Lettland mit Herrensitzen und einst mächtigen Burgen. Litauen lädt zu einem Besuch der einzigartigen Kurischen Nehrung ein, zu Streifzügen durchs Memelland. Attraktive Ziele sind auch die traditionsreichen Hauptstädte Tallinn, Riga und Vilnius.

Sehnsuchtsland sonnenhungriger Urlauber und wißbegieriger Bildungsreisender, Ferienparadies und klassisches Kulturland Europas: Italien lockt mit seinen Landschaften, von den schneebedeckten Alpen im Norden bis zu den Orangenhainen Siziliens. Altehrwürdige Städte wie Rom, Florenz oder Venedig hüten einen unermeßlichen Kunstschatz aus zwei Jahrtausenden. Und wer ließe sich nicht mitreißen von der vielgerühmten «Italianità», jener Begabung, sich sinnenfroh den schönen Seiten des Lebens zuzuwenden?

Ein kleines Land mit einer großen, weltweit bekannten Tradition im Fremdenverkehr: Die Schweiz, im Sommer wie im Winter erlebnisreiches Reiseziel mit herrlicher Bergwelt und vielen großen Seen, mit idyllischen Dörfern und eleganten Städten. Hier, an der Schnittstelle deutscher, französischer und italienischer Einflüsse, findet man Lebensart, Kunst und Kultur von ebenso großer Vielfalt, wie sie die Landschaften zwischen Basel, Lausanne und Lugano bieten.

DIE BALTISCHEN STAATEN
ESTLAND LETTLAND LITAUEN
Kai Ulrich Müller
Detlef Henning
Bucher

ISBN 3-7658-0961-1

ITALIEN
Martin Thomas
Dieter Richter
Eva Christina Vollmer
Bucher

ISBN 3-7658-0973-X

SCHWEIZ
Christian Heeb
Felix E. Müller · Robert Schnieper
Bucher

DIE NATIONEN EUROPAS

ISBN 3-7658-0974-8

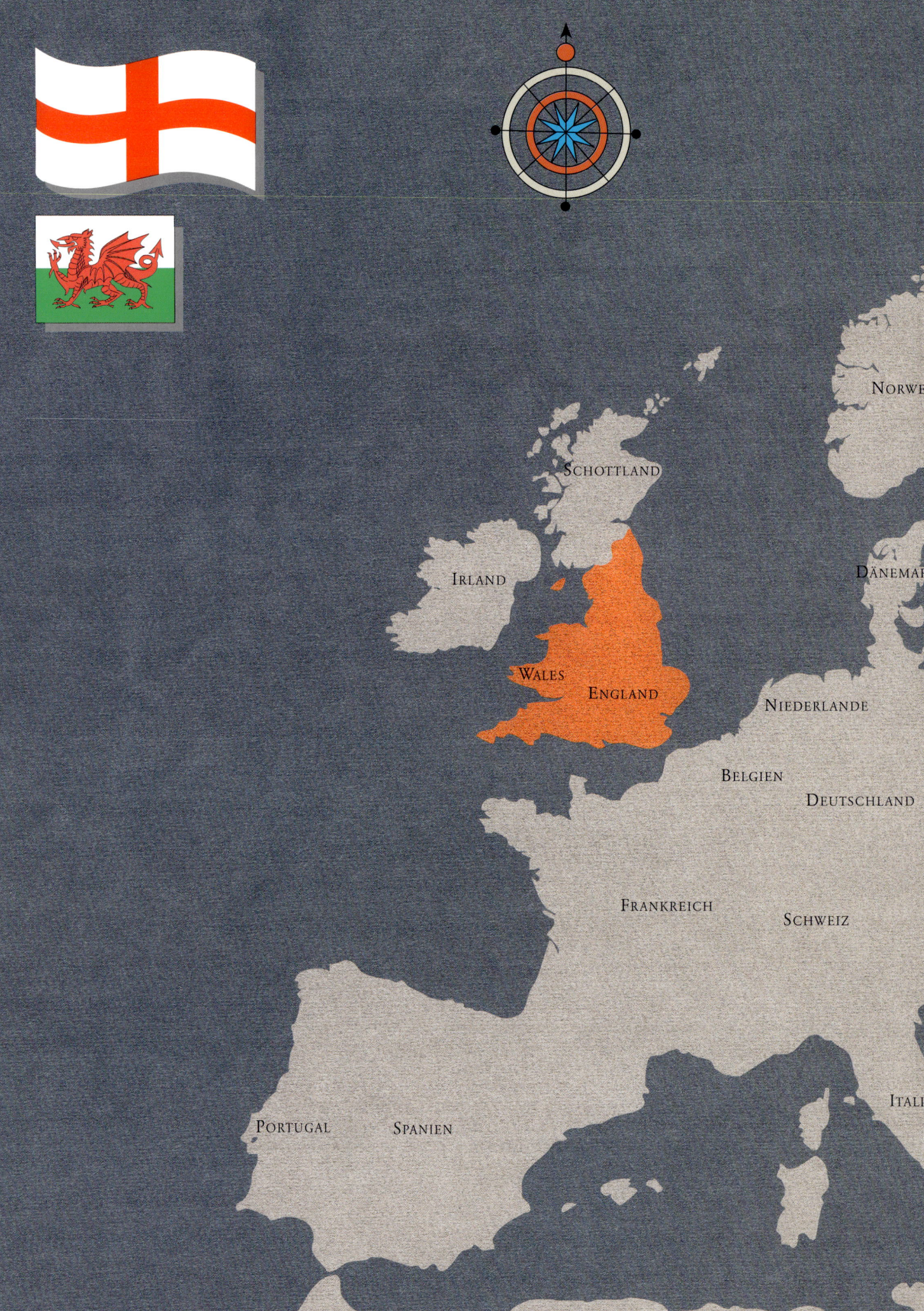

SCHOTTLAND

NORWEG

DÄNEMARK

IRLAND

WALES ENGLAND

NIEDERLANDE

BELGIEN

DEUTSCHLAND

FRANKREICH

SCHWEIZ

ITALIE

PORTUGAL SPANIEN